U0646535

颜晓峰
任倚步
韩淑慧
／
著

中国式现代化
是什么

康庄大道

学习出版社

图书在版编目（CIP）数据

康庄大道：中国式现代化是什么 / 颜晓峰，任倚步，
韩淑慧著. -- 北京：学习出版社，2024.1（2024.3 重印）

ISBN 978-7-5147-1244-5

Ⅰ．①康…　Ⅱ．①颜…　②韩…　③任…　Ⅲ．①现代化
建设－中国－学习参考资料　Ⅳ．①D61

中国国家版本馆CIP数据核字(2023)第230366号

康庄大道
KANGZHUANG DADAO
——中国式现代化是什么

颜晓峰　任倚步　韩淑慧　著

责任编辑：彭绍骏　王振宁
技术编辑：朱宝娟

出版发行：学习出版社
　　　　　北京市崇外大街11号新成文化大厦B座11层（100062）
　　　　　010-66063020　010-66061634　010-66061646
网　　址：http://www.xuexiph.cn
经　　销：新华书店
印　　刷：北京中科印刷有限公司

开　　本：710毫米×1000毫米　1/16
印　　张：19.25
字　　数：204千字
版次印次：2024年1月第1版　2024年3月第2次印刷

书　　号：ISBN 978-7-5147-1244-5
定　　价：69.00元

如有印装错误请与本社联系调换，电话：010-67081356

CONTENTS **目 录**

大道无垠

——从中国式现代化理论看中国式现代化是什么

以中国式现代化全面推进中华民族伟大复兴，是党的二十大明确提出的新时代新征程党的使命任务的核心内容。中国式现代化是党在长期追求和探索过程中形成的推进中华民族伟大复兴实践和理论的重大成就。党的十八大以来，我们党在已有基础上继续前进，初步构建中国式现代化的理论体系。习近平总书记概括提出并深入阐述中国式现代化理论，对这一理论体系的构建作出了重大贡献。那么，应当如何基于中国式现代化理论来回答"中国式现代化是什么"？研究中国式现代化理论体系的发展过程、理论渊源、根本性质、基本框架、重大意义等问题，能够全面准确把握建设什么样的中国式现代化、怎样建设中国式现代化的基本问题，为全面建成社会主义现代化强国、实现第二个百年奋斗目标提供理论支持和科学指导。

一、中国式现代化的发展过程

党的 100 多年奋斗历程，是矢志不渝推进中华民族伟大复兴、探索中国式现代化道路的历程，是持续不断推进马克思主义中国化时代化、形成中国式现代化理论的历程。中国式现代化的历史逻辑、实践逻辑和理论逻辑是紧密联系、内在统一的。正如 2023 年 2 月，习近平总书记在学习贯彻党的二十大精神研讨班开班式上指出的："中国式现代化是我们党领导全国各族人民在长期探索和实践中历经千辛万苦、付出巨大代价取得的重大成果，我们必须倍加珍惜、始终坚持、不断拓展和深化。"

（一）从近代以来到党成立前的现代化探索

中华民族有着 5000 多年的文明历史，曾长期走在世界历史前列。在始于西方的现代化潮流中，由于封建统治的腐败和西方列强的入侵，中华民族遭受劫难，落在时代后面。1840 年鸦片战争以后的中国历史，是一部追赶世界现代化潮流，以现代化实现中华民族伟大复兴的历史。民族复兴不是回到"汉唐盛世"，而是追求现代化。囿于时代条件和中国国情，在半殖民地半封建社会或资本主义制度的框架内实现现代化的种种尝试，例如洋务运动、戊戌变法、辛亥革命等，都以失败告终。孙中山的《建国方略》，即使包含着现代化的心理建设、物质建设、社会建设的美好蓝图，也止于设计、无法实施。

西方资本主义现代化的道路在中国走不通，表明不推翻统治中国几千年的君主专制制度，不改变中国半殖民地半封建社会性质，中国的现代化和民族复兴就无从谈起。帝国主义、封建主义、官僚资本主义这三座大山，共同构成了阻碍中国建设现代化和实现民族复兴的反动势力。中国的现代化和民族复兴，需要创造根本社会条件，需要一场推翻三座大山统治，建立一个新中国新社会的伟大社会革命。马克思列宁主义传入中国，给中国的现代化和民族复兴指明了一条全新的道路，这就是建立和建设社会主义，走社会主义道路实现现代化，建设社会主义现代化国家，从而实现中华民族伟大复兴。

（二）党在新民主主义革命时期、社会主义革命和建设时期、改革开放和社会主义现代化建设新时期推进中国式现代化

中国的先进分子建立了中国共产党，通过进行伟大社会革命，首先解决现代化和民族复兴的根本社会条件问题。科学救国、教育救国、实业救国等主张，抓住了现代化的某些方面和要素，但忽视了当时中国面临的最紧迫最重要的问题，也就是走什么道路实现现代化、在什么制度上实现现代化、谁来领导实现现代化等。党领导新民主主义革命，建立了新中国，实现了民族独立、人民解放，这就为实现现代化创造了根本社会条件。

进入社会主义革命和建设时期，党有条件有能力开始社会主义现代化建设。进行社会主义改造，推进社会变革，确立社会主义基本制度，为社会主义现代化国家奠定了根本政治前提。新中国成立之初，一穷二白、百废待兴，现代化建设要有基本的物质技术条件，党推进社会主义工业化，建立起独立的比较完整的工业体系和国民经济体系，为现代化建设奠定了物质基础。党明确提出"四个现代化"，抓住了现代化建设的重中之重。毛泽东写下了《论十大关系》，探索社会主义现代化的重要规律。党在领导社会主义建设中的探索成果，为现代化建设提供了宝贵经验，作了重要的理论准备。

党的十一届三中全会后，我们党纠正了一度"以阶级斗争为纲"的错误路线，实现党和国家工作中心战略转移。新时期的显著标志就是改革开放和社会主义现代化建设，是一心一意、全力以赴建设现代化的新时期。党制定了到21世纪中叶分三步走、基本实现社会主义现代化的发展战略，初步勾画了中国式现代化的时间表和路线图。经过持续改革开放，我国的经济体制从计划经济体制到社会主义市场经济体制，对外关系从封闭半封闭到全方位开放，实现了历史性转变，为中国式现代化提供了充满新的活力的体制保证。党坚持以经济建设为中心，把发展作为解决中国各种问题的关键，把科学技术作为第一生产力，推动中国发展繁荣，经济总量跃居世界第二，实现了人民生活从温饱不足到总体小康、奔向全面小康的历史性跨越，为中国式现代化提供了快速发展的物质条件。

（三）中国特色社会主义新时代成功推进和拓展中国式现代化

中国式现代化的理论体系是党在探索中国现代化道路的历程中，特别是在党的十八大以来的成功推进和拓展中逐步发展完善起来的。

从实践成就看，新时代决胜全面建成小康社会，是推进中国式现代化的重大实践，是全面建设社会主义现代化国家的必要准备和必经阶段。全面建成小康社会，特别是消除了绝对贫困问题，为中国式现代化提供了坚实的物质基础。全面深化改革，各领域基础性制度框架基本确立，为中国式现代化提供了更为完善的制度保证。深入实施科教兴国战略、人才强国战略、乡村振兴战略等一系列重大战略，为

◎北京既是一座见证了历史变迁的千年古都，又是一座现代化国际大都市，并随着我国发展不断展现新面貌。图为一列"复兴号"高铁列车从位于北京城市中轴线上的永定门城楼前驶过

中国式现代化提供了坚实战略支撑。提出到2035年建成教育强国、科技强国、人才强国、文化强国、体育强国、健康中国等，全面推进中国式现代化。我国人民在前进道路上激发出更为强大的动力、更为昂扬的斗志、更为坚定的信心，为中国式现代化提供了更为主动的精神力量。开启全面建设社会主义现代化国家新征程，将全面建成社会主义现代化强国、全面推进中华民族伟大复兴作为党的中心任务，中国式现代化达到前所未有的历史高度和重要程度。

从理论成果看，新时代创立了习近平新时代中国特色社会主义思想，实现了马克思主义中国化时代化新的飞跃。奋进新征程、创造新伟业，实现第二个百年奋斗目标，离不开科学理论指导。习近平总书记在二十届中共中央政治局第四次集体学习时指出："学习贯彻新时代中国特色社会主义思想是新时代新征程开创事业发展新局面的根本要求。"习近平新时代中国特色社会主义思想为中国式现代化提供了根本遵循。中国式现代化的理论体系是习近平新时代中国特色社会主义思想的重要组成部分，这一理论体系在习近平新时代中国特色社会主义思想的科学体系中具有越来越重要的地位。习近平总书记指出："中国式现代化是前无古人的开创性事业，需要我们探索创新。"因此，建设什么样的社会主义现代化国家、怎样建设社会主义现代化国家，成为习近平新时代中国特色社会主义思想科学回答的一个重大时代课题。对这一重大时代课题的回答，集中体现在中国式现代化理论体系之中。党的二十大以来，以习近平同志为核心的党中央"提出并系统阐述了中国式现代化这个重大理论和实践问题，进一步丰富了新时代中国特色社会主义思想"。中国式现代化的理论体系，体现了中国式现代化的历史及当代、各国共同特征同中国特色的联系与区别，使中国式现代化的定位更加清晰；概括了中国式现代化的中国特色和本质要求，使中国式现代化的内涵更加科学；明确了中国式现代化的重大原则和重大关系，使中国式现代化更加可感可行。

二、中国式现代化的理论渊源

中国式现代化有其理论渊源，以中华优秀传统文化为根本、以科学社会主义为灵魂、以人类优秀文明成果为借鉴，融合历史与当代、中国与世界、马克思主义基本原理与中国具体实际，形成了根深叶茂、独具特色的理论体系。中国式现代化有其哲学基础，蕴含着独特的哲学观念，从思想根基上支撑着中国式现代化的理论体系。

（一）深深植根于中华优秀传统文化

人类社会现代化是一个自西方向全球的扩散过程，但并不是西方文化和文明替代其他国家文化和文明的过程。每个国家自身的文化，构成了本国实现现代化的文化土壤，形成了本国现代化的文明特色。这种文化基础和文明基因，区分出不同的现代化类型。不仅以西方文明或东方文明为根基的现代化存在着很大差异，而且在西方文明或东方文明内部，不同的民族、国家也表现出现代化文明的显著差异。中国式现代化是深深植根于中华优秀传统文化的现代化，5000多年的中华文明以多种方式影响着中国式现代化的进程。

中国式现代化是在5000多年中华文明的基础上发展起来的，既有对中国传统文化中糟粕的否定，更有对中华优秀传统文化的传承和创造性转化、创新性发展。中华优秀传统文化构成了中国式现代化的民族基因，同时赋予了中国式现代化独特的文化禀赋、价值理念、包容气质。中国式现代化创造的人类文明新形态，深深植根于中华文明的土壤之中。高质量发展的物质文明，包含着"仓廪实""衣食足"这种物的丰富追求和"自强不息"的发展动力；全过程人民民主的政治文明，包含着"民惟邦本，本固邦宁"的民本思想；人民精神世界富有的精神文明，包含着"厚德载物""讲信修睦"的德治理念；全体人民共同富裕的社会文明，包含着我国古代"小康"和"大同"的社会向往；人与自然和谐共生的生态文明，包含着"天人合一"的宇宙观和社会观。

（二）体现科学社会主义的先进本质

中国式现代化是社会主义现代化，这就决定了必须遵循科学社会主义基本原则，体现科学社会主义先进本质。科学社会主义是揭示人类社会发展规律、指明人类解放道路的先进理论，是有着先进本质的科学理论。科学社会主义的先进本质，可以从它的基本原则中得到证明。科学社会主义将无产阶级解放、人类解放作为自己的社会理想，要建立消灭剥削和压迫的社会制度，最终实现共产主义；科学社会主

知言明理

科学社会主义基本原则

在生产资料公有制基础上组织生产，满足全体社会成员的需要是社会主义生产的根本目的；对社会生产进行有计划的指导和调节，实行等量劳动领取等量产品的按劳分配原则；合乎自然规律地改造和利用自然；无产阶级革命是无产阶级进行斗争的最高形式、必须由无产阶级政党领导、以建立无产阶级专政的国家为目的；通过无产阶级专政和社会主义高度发展最终实现向消灭阶级、消灭剥削、实现人的全面而自由发展的共产主义社会的过渡；等等。这些构成了科学社会主义基本原则。

义要实现生产资料的全社会占有，从根本经济制度上杜绝财富分配的两极分化；科学社会主义站在无产阶级和最广大人民利益的立场上，要建立人民成为主人的国家，保证人民成为自己命运的主人；科学社会主义主张国与国之间、民族与民族之间的平等关系，反对资本主义国家对其他国家的统治和奴役；等等。

坚持以人民为中心的发展思想，集中体现了科学社会主义的先进本质，也是中国式现代化的重大原则。中国式现代化是坚持人民至上的现代化，在中国式现代化的所有价值准则中，人民处于最高位置，一切都要以是否增进人民在中国式现代化中的福祉为最高标准。中国式现代化是以人民为中心的现代化，中国式现代化的各项建设和各种推进，都要把人民幸福作为出发点和落脚点，摒弃了西方现代化所遵循的资本逻辑。中国式现代化是实现人的全面发展、实现全体人民共同富裕的现代化，中国式现代化的过程也是人的现代化过程，中国式现代化创造的是以人的自由全面发展为价值旨归的人类文明新形态。中国式现代化要在一个人口规模巨大的国家让最广大人民共享现代化成果和现代化文明，这是科学社会主义先进本质在 21 世纪最为重大的实践呈现。

（三）借鉴吸收一切人类优秀文明成果

中国式现代化坚持走自己的路，彰显中国特色，同时借鉴吸收一切人类优秀文明成果，遵循现代化一般规律，体现各国现代化共同特征。例如，世界现代化是生产力得到快速发展的现代化，生产力经历了农业社会和自然经济条件下长期的缓慢发展，在工业社会和市场经济中出现了井喷式的发展，社会财富急剧增长。世界现代化是科技革命重塑人类社会的现代化，科学从宗教的禁锢下解放出来，获得了前所未有的发展，技术发明迅速大规模地运用于生产过程，极大地提高了生产效率，"知识就是力量"实质上是"科技就是力量"。世界现代化是市场成为资源配置主要方式的现代化，生产是为了交换而进行的生产，价值规律的作用促进了不断降低成本、增加利润，市场竞争促使创新成为常态。世界现代化是经济、政治、文化、社会、军事等领域全面变革、相互影响的现代化，一个民族和国家的现代化，各个领域的现代化互为条件，某个领域的现代化进展可以带动其他领域的现代化，某个领域的现代化短板也会制约其他领域的现代化。世界现代化是人民生活水平总体提高的现代化，资本主义现代化国家既充盈着巨大的物质财富，又存在着严重的两极分化，但总的来说，广大人民的收入和生活水平与实现现代化之前相比，与没有实现现代化的国家相比，还是有很大差距的。世界现代化是国家、民族、地区之间开放交往加强的现代化，世界市场的形成打破了以往各个国家、民族、地区在有限的环境下封闭发展的状态，在商品、技术、资金、人员、思想、文化的交流中，整个世界日益紧密地联系在一起。世界现代化是人的全面发展加强的现代化，人的发展在不同的经济社会条件下处于不同的阶段，在以货币为中介的普遍交换体系中，人更多地同外部世界发生联系，从而提高了人的普遍性和全面性。人的全面发展只有在不受社会关系统治和奴役条件下才能真正实现，正如习近平总书记指出的，"现代化的最终目标是实现人自由而全面的发展"。

中国式现代化与人类社会现代化不是隔绝无关的，而是在吸收世界现代化的有益文明成果中，在人类多元文明的深层激荡中发展壮大自身的。人类社会现代化具有多样性，正是这种多样性使各个国家的现代化都有其自身的特性，其中也包含着对其他国家现代化的有益借鉴。中国式现代化既不忘本来又吸收外来，既向内看又向外看，从而为人类社会现代化进程作出了中国贡献。

（四）蕴含着独特世界观、价值观、历史观、文明观、民主观、生态观

习近平总书记在学习贯彻党的二十大精神研讨班开班式上深刻指出："中国式现代化蕴含的独特世界观、价值观、历史观、文明观、民主观、生态观等及其伟大实践，是对世界现代化理论和实践的重大创新。"这就告诉我们，中国式现代化的根据不仅存在于各个领域的文明形态中，而且存在于其哲学基础和现代化观中。

中国式现代化蕴含的独特"六观"，构成中国式现代化的哲学基础。这种独特世界观，是自然与社会、世界与中国、物质与精神、共性与个性、继承与创新相统一的现代化的世界观；这种独特价值观，是以人民为中心、人的全面发展、共同富裕、社会公平正义的现代化的价值观；这种独特历史观，是把握历史规律、洞察历史大势、坚定历史自信、掌握历史主动、抓住历史机遇、推动历史变革的现代化的历史观；这种独特文明观，是将中华优秀传统文化、科学社会主义先

进本质、人类优秀文明成果融为一体，代表人类文明进步发展方向，创造人类文明新形态，坚持文明多样性，否认西方文明等于现代文明的现代化的文明观；这种独特民主观，是全过程人民民主的现代化的民主观；这种独特生态观，是构建人与自然生命共同体，实现人与自然和谐共生，坚持绿水青山就是金山银山的现代化的生态观。

中国式现代化蕴含的独特"六观"，彰显了创造人类文明新形态的高度文化自信。中国式现代化创造了一种全新的人类文明形态，表现在物质文明、政治文明、精神文明、社会文明、生态文明、人的全面发展、人类命运共同体各领域。人类文明新形态是中国共产党领导的社会主义现代化的文明成果，以"六观"为精粹凝练和集中体现的哲学观念起着思想引领的作用。

中国式现代化蕴含的独特"六观"，是中国式现代化的理论创造和思想创新。它不仅与西方现代化的理念有着本质区别，而且是对西方现代化理念的超越。"六观"是中国式现代化的思想观念标识，包含着对世界现代化理论的重大创新。

中国式现代化蕴含的独特"六观"，提供了推进中国式现代化、创造人类文明新形态的观念引导。深刻揭示中国式现代化蕴含的独特世界观、价值观、历史观、文明观、民主观、生态观，并在实践中坚持、丰富和发展，是深化中国式现代化理论的重要要求，是深化习近平新时代中国特色社会主义思想的世界观和方法论的内在要求，是为推进中国式现代化、创造人类文明新形态提供坚实的立场观点方法支持的必然要求。

三、中国式现代化的根本性质

习近平总书记在党的二十大报告中强调，"中国式现代化，是中国共产党领导的社会主义现代化"。这是中国式现代化的"点睛之笔"，点明了中国式现代化的根本性质。

（一）中国式现代化的根本坐标

中国式现代化有其中国特色、本质要求、重大原则等，但起根本性、决定性、统领性作用的内涵，则是中国共产党领导的社会主义现代化。

与西方现代化相比，中国式现代化是社会主义现代化，西方现代化则是资本主义现代化。在不同制度形态基础上建立的现代化，走不同道路建成的现代化，即使有着现代化一般规律的共性，但仍然有着本质区别。西方现代化是以资本为中心、两极分化、物质主义膨胀、依靠殖民掠夺的现代化，暴露出资本主义现代化的严重弊端。中国式现代化则是以人民为中心、共同富裕、精神富有、和平发展的现代化，展现出社会主义现代化的制度优势。社会主义现代化吸收了资本主义现代化的物质成果和其他有益成果，同时是对资本主义现代化的扬弃和超越。中国共产党领导则是中国社会主义现代化的根本保证。

与其他社会主义国家的现代化相比，中国式现代化是中国共产党领导下的中国特色社会主义现代化。苏联解体、东欧剧变之前，这些国家也都在建设社会主义现代化，虽然还没有建成社会主义现代化国家，但也取得了社会主义现代化的进展和成就。目前世界上其他社会主义国家，也在努力建设社会主义现代化国家，并体现出各自特色。中国共产党领导的社会主义现代化，是以经济建设为中心，坚持四项基本原则，坚持改革开放的社会主义现代化，既不走僵化的老路，也不走西化的邪路，这就保证了中国式现代化既取得了举世瞩目的成就，又保持了社会主义性质。中国共产党领导的社会主义现代化，是世界上最大的马克思主义执政党在最大的社会主义国家建设的社会主义现代化，其重要程度、艰巨程度以及在世界上的影响力，超过了目前其他建设社会主义现代化的国家，对于以中国式现代化推进科学社会主义在 21 世纪的振兴，更具有世界历史意义。

与其他发展中国家的现代化相比，中国式现代化是最大发展中国家独立自主建设的现代化。实现现代化是发展中国家的共同追求，不少发展中国家在现代化的进程中步履艰难，有的跌入"中等收入陷阱"，甚至导致社会矛盾激化，出现社会动乱。中国共产党领导的社会主义现代化，保证了在十几亿超大规模人口的大国建设现代化的坚强领导、统筹协调、有序推进，保证了现代化成果由全体人民共建共享，保证了现代化建设乃至国家发展的主动权牢牢掌握在自己手中，没有沦为西方大国的工具和附庸。

（二）党的领导直接关系中国式现代化的根本方向、前途命运、最终成败

没有党的领导就没有中国的社会主义现代化也就是中国式现代化，党的领导是实现新时代新征程党的中心任务的根本保证。习近平总书记在学习贯彻党的二十大精神研讨班开班式上，从多个方面阐述了坚持党的领导对于中国式现代化的成功起着决定性作用。

党的领导决定中国式现代化的根本性质。中国共产党的领导是中国特色社会主义最本质的特征，也是中国式现代化最本质特征。党的领导成为中国式现代化最本质特征，也就由此决定了中国式现代化的根本性质。党领导人民正信心百倍推进中华民族从站起来、富起来到强起来的伟大飞跃，也同样信心百倍全面建设社会主义现代化国家、全面推进中华民族伟大复兴。离开党的坚强而正确的领导，中国式现代化就会偏离航向，甚至会犯颠覆性错误。

党的领导确保中国式现代化锚定奋斗目标行稳致远。党的连续执政、长期执政，保证了中国式现代化能够一棒接一棒传下去、一代接一代干下去，能够咬定青山不放松、一张蓝图干到底。正是在党的领导下，我国才能够一以贯之地推进社会主义现代化建设，从"四个现代化"到全面现代化，从全面小康到全面现代化，从基本实现社会主义现代化到全面建成社会主义现代化强国。中国式现代化，从根本上超越了资本主义国家政党纷争、党派偏私、政策前后不一和朝令夕改的弊端。

党的领导激发建设中国式现代化的强劲动力。中国共产党是"两个先锋队",在革命、建设、改革的各个历史时期始终站在时代前列、走在人民前面,党同样也是中国式现代化的先锋队,9800多万名党员就是中国式现代化的骨干力量。党的领导包括党的伟大精神对中华民族伟大复兴的强大激励,以伟大建党精神为源头的中国共产党人精神谱系,同样是建设中国式现代化的强大精神力量。全面深化改革开放是坚持和发展中国特色社会主义的根本动力,我们党勇于改革创新,推动新时代改革开放,为中国式现代化注入不竭动力。

党的领导凝聚建设中国式现代化的磅礴力量。人民是中国式现代化的主体,是全面建成社会主义现代化强国的决定性力量。党是人民的领路人,党的坚强领导将全体人民凝聚成新的长城,心往一处想、劲往一处使、拧成一股绳。党坚持群众路线,发展全过程人民民主,用制度体系保障全体人民当家作主,汇聚起全体人民的智慧和力量,让人民以主人翁精神满怀热忱地投入到现代化建设中来。

(三)中国特色社会主义体现中国式现代化的根本性质

中国特色社会主义是社会主义而不是别的什么主义,这就决定了中国式现代化是社会主义现代化而不是别的什么现代化,中国式现代化的实质就是中国特色社会主义现代化。邓小平指出:"我们搞的现代化,是中国式的现代化。我们建设的社会主义,是有中国特色的社会主义。"这就明确指出了中国式的现代化与中国特色的社会主义是一体化的。

▷文献学习◁

　　办好中国的事情，关键在党。中华民族近代以来 180 多年的历史、中国共产党成立以来 100 年的历史、中华人民共和国成立以来 70 多年的历史都充分证明，没有中国共产党，就没有新中国，就没有中华民族伟大复兴。历史和人民选择了中国共产党。中国共产党领导是中国特色社会主义最本质的特征，是中国特色社会主义制度的最大优势，是党和国家的根本所在、命脉所在，是全国各族人民的利益所系、命运所系。

　　——摘录自《在庆祝中国共产党成立 100 周年大会上的讲话》，2021 年 7 月 1 日

　　坚持中国式现代化是社会主义现代化，关键是要把中国式现代化放在中国特色社会主义的框架内来认识和把握。中国近代以来得出的根本历史结论就是，只有现代化才能实现民族复兴，只有中国特色社会主义才能实现现代化和民族复兴。我们党始终都是将实现中华民族伟大复兴、坚持和发展中国特色社会主义、推进和拓展中国式现代化统一起来，在中国特色社会主义道路上实现现代化，以中国式现代化全面推进中华民族伟大复兴。习近平总书记指出："实践证明，中国式现代化走得通、行得稳，是强国建设、民族复兴的唯一正确道路。"这条唯一正确道路就是中国特色社会主义道路。

　　中国式现代化是中国特色社会主义的现代化，体现在中国式现

代化的中国特色中。在人口规模巨大的国家建成现代化，只有依靠中国特色社会主义的制度优势才能实现；追求全体人民共同富裕，是科学社会主义的基本原则，是中国特色社会主义的本质要求；物质文明和精神文明相协调，建设高度发展的社会主义精神文明促进人的全面发展；人与自然和谐共生，是在建立了统筹个人利益和集体利益、企业利益和社会利益、眼前利益和长远利益的经济制度和社会制度条件下，才能实现的发展目标；走和平发展道路，是走社会主义道路实现现代化的必然要求，资本驱动的现代化不惜使用暴力、依靠侵略。中国式现代化是中国特色社会主义的现代化，体现在中国式现代化的本质要求中，这些本质要求都是中国特色社会主义事业"五位一体"总体布局的实质内容，都是新时代坚持和发展中国特色社会主义的创新发展。中国式现代化是中国特色社会主义的现代化，体现在中国式现代化的重大原则中，这些重大原则同时是新时代坚持和发展中国特色社会主义的重大原则、宝贵经验。

四、中国式现代化的基本框架

党的二十大作出的一个重大理论创新，就是概括提出并深入阐述中国式现代化理论。习近平总书记指出："我们进一步深化对中国式现代化的内涵和本质的认识，概括形成中国式现代化的中国特色、本质要求和重大原则，初步构建中国式现代化的理论体系，使中国式现

代化更加清晰、更加科学、更加可感可行。"全面把握中国式现代化
的理论体系，首先就要深刻理解中国式现代化的中国特色、本质要求
和重大原则在这一理论体系中的重要地位。

（一）中国式现代化的中国特色是理论体系的现实基础

中国式现代化理论体系的逻辑，植根于历史逻辑、实践逻辑之
中。中国式现代化的中国特色，深刻揭示了中国式现代化的科学内
涵，这些科学内涵包含着中国式现代化的中国国情、实践基础、理论
遵循、价值准则等，构成了中国式现代化的现实基础。

人口规模巨大的现代化，将有 14 亿多人口整体迈进现代化，既
是人口数量庞大的国家实现现代化，也是世界现代化史上难度最大的
现代化，是人类社会现代化进程中前所未有的创举。人口规模巨大，
是中国式现代化面对基本国情的首要国情。中国式现代化，不能简单
套用千万级人口或亿级人口国家的现代化标准和路径，不能脱离实
际，搞"一刀切"，要坚持循序渐进、梯次推进。

全体人民共同富裕的现代化，追求的是服务绝大多数人的利益，
而不是像西方现代化那样追求资本利益最大化，以资本为中心必然导
致两极分化，以人民为中心才能有效防止两极分化。防止两极分化是
中国式现代化的底线任务，更为重要而艰巨的、作为中国式现代化的
战略任务，不仅是"患不均"，而且是实现与普遍贫困根本不同的共
同富裕。这既是中国式现代化的显著标志、优势证明，也是中国式现
代化实现高质量发展的价值目标。

物质文明和精神文明相协调的现代化，从摆脱物质贫困到实现物质富足，从走出精神贫乏到达到精神富有，并且实现物质文明和精神文明的相辅相成、相得益彰。中国式现代化，既要物质财富极大丰富，也要精神财富极大丰富，既要物的全面丰富，也要人的全面发展，始终在厚植现代化物质基础的同时，防止社会的信仰缺失、精神空虚、心灵迷茫，筑造社会主义精神文明高地。

人与自然和谐共生的现代化，自觉遏制在现代化进程中对自然资源的任意开发利用、对生态环境不负责任的破坏现象，及时纠正环境污染、资源枯竭等问题，从中华文明永续发展根本大计的视野，建设社会主义生态文明，坚定不移走生产发展、生活富裕、生态良好的文明发展道路。

走和平发展道路的现代化，是党和人民从中华民族经历的西方列强侵略掠夺的悲惨历史中得出的刻骨铭心的认识，是坚持中国特色社会主义发展道路实现民族复兴的必然要求。习近平总书记在中国共产党与世界政党高层对话会上的主旨讲话中强调："中国式现代化不走殖民掠夺的老路，不走国强必霸的歪路，走的是和平发展的人间正道。"这就是依靠全体人民的辛勤劳动和创新创造发展壮大自己，在和平发展中推进中国式现代化。

（二）中国式现代化的本质要求是理论体系的深层逻辑

习近平总书记在党的二十届一中全会上的重要讲话中指出，"党的二十大对中国式现代化的本质要求作出科学概括。这个概括是党深刻总结我国和世界其他国家现代化建设的历史经验，对我国这样一个东方大国如何加快实现现代化在认识上不断深入、战略上不断完善、实践上不断丰富而形成的思想理论结晶"。本质要求反映了中国式现代化的规律要求，从中国式现代化的本质要求中可以加深对中国式现代化的理解把握。

中国式现代化是中国共产党领导的社会主义现代化。坚持中国共产党领导，坚持中国特色社会主义，在中国式现代化的本质要求中是首要的、最为重要的，在所有本质要求中起着统领作用。坚持中国共产党领导，坚持中国特色社会主义，决定和体现了中国式现代化的根本性质，关系到中国式现代化的兴衰成败，影响和深入到中国式现代化的其他本质要求之中。

中国式现代化是经济建设、政治建设、文化建设、社会建设、生态文明建设的全面发展和整体进步，中国式现代化的本质要求必然要在"五位一体"总体布局中得到体现。实现高质量发展，表明中国式现代化的经济建设贯彻创新、协调、绿色、开放、共享的新发展理念，满足人民日益增长的美好生活需要。发展全过程人民民主，表明中国式现代化的政治建设发展最广泛、最真实、最管用的民主，建设全链条、全方位、全覆盖的民主。丰富人民精神世界，表明中国式现代化的文化建设以社会主义核心价值观为引领，巩固全体人民团结奋斗的共同思想基础。全体人民共同富裕，表明中国式现代化的社会建设让现代化建设成果惠及全体人民，让人民获得感、幸福感、安全感更加充实、更有保障、更可持续。促进人与自然和谐共生，表明中国式

◎ 通过人民群众共同奋斗把"蛋糕"做大做好，又通过合理的制度安排把"蛋糕"切好分好，保证老百姓安居乐业、社会安定有序。图为市民在家门口体育公园休闲健身

现代化的生态文明建设坚持绿水青山就是金山银山，推动形成绿色发展方式和生活方式。

中国式现代化既造福中国人民，又促进世界共同发展，与世界各国共同绘就人类社会现代化新图景。推动构建人类命运共同体，是中国谋求人类进步、世界大同的引领旗帜。中国式现代化与各国人民共命运，以中国式现代化新成就为人类社会现代化作贡献，在世界现代化的进程中更好建设中国式现代化。

中国式现代化创造人类文明新形态，人类文明新形态既是中国式现代化的文明形态，也是中国式现代化本质要求的整合形态。无论是党的领导、中国特色社会主义，还是物质文明、政治文明、精神文明、社会文明、生态文明和人类命运共同体，都集合融汇而成人类文明新形态，从总体上呈现了中国式现代化的本质内涵。

（三）中国式现代化的重大原则和重大关系是理论体系的实践要求

理论体系不仅包括"是什么"的界定、"为什么"的说明，而且包括"怎么做"的要求，实践要求是理论体系的题中应有之义。推进中国式现代化，必须牢牢把握系列重大原则，正确处理系列重大关系，并将其作为实践过程的基本遵循。

确保中国式现代化的正确方向和强大政治凝聚力，必须坚持和加强党的全面领导。全面建成社会主义现代化强国、全面推进中华民族伟大复兴，是从现在起到 21 世纪中叶党的中心任务。党的领导贯通中国式现代化各领域各方面，贯通中国式现代化全过程各阶段。坚持和加强党的全面领导，捍卫"两个确立"、做到"两个维护"，中国式现代化在前进道路上的重大关口就有了定盘星、风雨来袭时就有了主心骨，就能凝聚起万众一心、共创未来的强大力量。

保证中国式现代化的社会主义性质，必须坚持中国特色社会主义道路。中国式现代化不走封闭僵化的老路，这就保证了坚持把发展作为第一要务，不断解放和发展社会生产力；不走改旗易帜的邪路，这就保证了坚持和完善中国特色社会主义根本制度、基本制度、重要制度，做到"两个毫不动摇"。

维护和促进中国式现代化的社会公平正义，必须坚持以人民为中心的发展思想。中国共产党领导的社会主义现代化，是维护和促进社会公平正义的现代化，最重要的就是以人民为中心，维护人民根本利益，现代化为了人民、依靠人民、成果由人民共享。维护和促进社会公平正义的现代化，最关键的就是党在中国式现代化进程中决不代表任何利益集团、任何权势团体、任何特权阶层的利益，决不成为他们的代言人、代理人。

增强中国式现代化的动力活力，必须坚持深化改革开放。国家治理体系和治理能力现代化是中国式现代化的重要内容和必要条件，也是全面深化改革的总目标。全面深化改革，坚决破除各方面体制机制弊端，为全面推进中国式现代化提供了有利条件。迈上全面建设社会主义现代化国家新征程，仍然面临着不少躲不开、绕不过的深层次矛盾，必须着力固根基、扬优势、补短板、强弱项，把我国制度优势更好转化为中国式现代化的进展成效。

战胜中国式现代化的困难挑战，必须坚持发扬斗争精神。中国式现代化取得的重大进展和巨大成就，都不是在风平浪静、一帆风顺中得来的，都是在风高浪急中依靠伟大斗争，战胜惊涛骇浪、渡过急流险滩得来的。坚持敢于斗争是党的宝贵经验，发扬斗争精神是开创未来的基本要求。面对战略机遇和风险挑战并存、不确定难预料因素增多的形势，唯有继续进行新的伟大斗争，才能开创中国式现代化新境界。

习近平总书记在学习贯彻党的二十大精神研讨班开班式上指出，"推进中国式现代化是一个系统工程，需要统筹兼顾、系统谋划、整体推进"。要正确处理顶层设计与实践探索的关系，既制定出科学的中国式现代化战略布局，又坚持在实践探索中提高推进中国式现代化的能力水平；要正确处理战略与策略的关系，既注重战略的前瞻性、全局性、稳定性，又注重策略的阶段性、针对性、灵活性；要正确处理守正与创新的关系，既要守住中国式现代化的本和源、根和魂，又要开创中国式现代化的新动能、新优势；要正确处理效率与公平的关系，既要以高效率推动生产力发展和经济增长，又要以真公平维护社会长期安定有序；要正确处理活力与秩序的关系，既要对该管、该统、该紧的事情加大力度，又要对该放、该活、该松的事情给予空间；要正确处理自立自强与对外开放的关系，既要将中国式现代化的

奋斗故事

中共中央在延安 13 年

巍巍宝塔山，滚滚延河水。延安是中国革命的圣地、新中国的摇篮。1935—1948 年，党中央和毛泽东等老一辈革命家在延安生活和战斗了 13 年，以顽强的斗争精神和高超的斗争本领，领导中国革命事业从低潮走向高潮、实现历史性转折，扭转了中国前途命运。延安时期，面对敌人的军事包围和经济封锁，党以顽强的斗争精神和高超的斗争本领，有力开展了抗击日本军国主义侵略的斗争，有力应对了西安事变、七七事变、重庆谈判等一系列重大挑战，有力领导和指挥了全国革命斗争，有力应对了国民党军队对陕甘宁边区的重点进攻，靠小米加步枪打开了中国革命新局面。新时代新征程，我们要坚决战胜前进道路上的各种困难和挑战，依靠顽强斗争打开事业发展新天地。

◎ 图为宝塔山下延安新风貌

前途和命运牢牢掌握在自己手中，又要充分利用国际资源开辟发展空间。只有正确处理这六对重大关系，才能形成对中国式现代化的规律性认识，掌握推进和拓展中国式现代化的科学方法。

五、中国式现代化的重大意义

中国式现代化理论，以唯物史观为指导，以世界现代化历史特别是当今人类社会现代化进程、中国式现代化实践为根据，在人类社会实现现代化的道路和模式上，创新发展了马克思主义现代化理论，既是科学社会主义的最新重大成果，也是世界现代化理论的重大创新。

（一）中国式现代化理论是科学社会主义的最新重大成果

马克思、恩格斯创立的科学社会主义，在批判资本主义社会、超越空想社会主义的基础上，提出了未来社会主义社会、共产主义社会的构想。虽然马克思、恩格斯没有明确提出"社会主义现代化"这个范畴，但是在科学社会主义学说中包含着社会主义现代化的相关思想。全面建成社会主义现代化强国，在社会主义发展史上还没有先例，是科学社会主义在 21 世纪中国的伟大创举。中国式现代化理论在这一创新实践进程中，必然成为开辟马克思主义中国化时代化新境界的重要内容，成为科学社会主义的最新重大成果。党的十八大以来，习近平总书记在带领全党全国人民实现"两个一百年"奋斗目标进程中，深入探索中国式现代化理论，取得了创新和突破、推进和发展，为以中国式现代化全面推进中华民族伟大复兴提供了科学理论指导，是实现新时代新征程党的中心任务的规律依据和理论指导。例如，科学回答怎样把中国式现代化同中华民族伟大复兴、科学社会主义振兴、人类社会现代化进程有机统一起来，使中国式现代化成为我们党为中国人民谋幸福、为中华民族谋复兴，为人类谋进步、为世界谋大同的创新实践；怎样使中国式现代化实现现代化一般规律同社会主义现代化建设规律的有机结合、各国现代化共同特征同中国式现代化中国特色的有机结合，从而丰富发展当代中国马克思主义、

21世纪马克思主义；怎样在强国建设、民族复兴的新征程中，深入思考推进中国式现代化的重大时代课题，深刻回答科学社会主义的"社会主义现代化之问"，不断开辟马克思主义中国化时代化新境界；等等。这些重大问题的回答和解决，都构成了科学社会主义的最新重大成果。

（二）中国式现代化理论是世界现代化理论的重大创新

中国特色社会主义新时代是我国不断为人类作出更大贡献的时代，其中一个重大贡献，就是中国式现代化科学回答了人类社会的"现代化之问"，是世界现代化理论和实践的重大创新。2023年3月，习近平总书记在与各国政党领导人探讨"现代化道路：政党的责任"这一重要命题时，明确指出："两极分化还是共同富裕？物质至上还是物质精神协调发展？竭泽而渔还是人与自然和谐共生？零和博弈还是合作共赢？照抄照搬别国模式还是立足自身国情自主发展？我们究竟需要什么样的现代化？怎样才能实现现代化？面对这一系列的现代化之问，政党作为引领和推动现代化进程的重要力量，有责任作出回答。"可以说，中国式现代化理论对建设社会主义现代化国家重大时代课题的回答，同时包含着对这一系列现代化之问的回答，为人类社会现代化进程提供了"究竟需要什么样的现代化，怎样才能实现现代化"的中国方案、中国经验、中国理论，这就是共同富裕、物质精神协调发展、人与自然和谐共生、合作共赢、立足自身国情自主发展的现代化康庄大道。

第 一 章

筚 路 维 艰

——新中国成立特别是改革开放以来中国式现代化的长期探索和实践成就

作为人类社会发展的必然趋势，现代化早已成为历史向世界历史转变的重要内容。就广义而言，现代化主要指自工业革命以来现代生产力导致社会生产方式巨大变革，引起世界经济加速发展和社会适应性变化的趋势。这一过程"是以现代工业、科学和技术革命为推动力，实现传统的农业社会向现代工业社会的大转变，使工业主义渗透到经济、政治、文化、思想各个领域并引起社会组织与社会行为深刻变革的过程"。但正如各国家和民族走向世界历史的进路千差万别，现代化也不存在定于一尊的发展模式。党的二十大报告指出："中国式现代化，是中国共产党领导的社会主义现代化，既有各国现代化的共同特征，更有基于自己国情的中国特色。"这场令中华民族面貌焕然一新的伟大变革一开始就同中国共产党的命运紧密相连。自中国共产党成立以来，中国对于现代化的探索迅速由被动转为主动，并随着新民主主义革命的伟大胜利扬帆起航。历经新中国成立特别是改革开放以来的长期探索，至党的十八大前夕，中国式现代化取得了举世瞩目的成就，一种新质的人类文明形态在中国式现代化的实践探索中正逐步变为现实。那么，我们应当如何认识新中国成立特别是改革开放以来中国共产党团结带领中国人民探索中国式现代化的筚路维艰？在大历史观视域下，这一历史过程可划分为"从工业化到'四个现代化'的整体性

探索""'中国式的现代化'的提出和中国特色社会主义现代化建设的启航""中国特色社会主义现代化建设的加速推进"3个阶段。

一、从工业化到"四个现代化"的整体性探索

工业化是现代化的基本要素，立足中国作为"落后的农业国"的基本国情，中国共产党以工业化开启了对社会主义现代化的探索。在过渡时期总路线的指导下，中国现代化的道路承载由新民主主义道路迅速转变为社会主义道路。通过对"苏联模式"的反思，中国共产党聚焦"四个现代化"，翻开了独立自主建设社会主义现代化的新篇章。

（一）现代化道路承载由新民主主义道路向社会主义道路的迅速转变

早在新民主主义革命时期，中国共产党就确立了"为着中国的工业化和农业近代化而斗争"的奋斗目标。但对于半殖民地半封建社会的旧中国而言，实现这一目标的前提是要建立起独立的主权国家。正因如此，1949年中华人民共和国的成立开辟了中国现代化的新纪元，这一开天辟地的历史事件也成为中国式现代化的现实起点。

根据新民主主义革命的斗争经验，中国共产党对于中国现代化的最初设想，即革命胜利后，国家将长期处于新民主主义社会，中心任务是动员一切力量恢复和发展生产事业，推动国营经济、合作社经济

以及私人资本主义经济、个体经济和国家资本主义经济共同发展，建设新民主主义性质的现代化经济形态。换言之，认为"中国现代化首先要走新民主主义道路"。在新中国成立之初的 3 年，在"公私兼顾、劳资两利、城乡互助、内外交流"方针指导下，中国共产党领导中国人民在进行各种复杂的政治斗争、社会运动的同时，奇迹般地恢复了经济秩序。1952 年年底，工农业总产值 810 亿元，比 1949 年增长 77% 多。国家财政收入成倍增加，收支平衡。城乡人民收入逐年增多，生活普遍得到改善。同 1949 年相比，全国职工平均工资提高了 70%，农民收入一般增长 30% 以上。但也就在这一时期，新民主主义道路自身矛盾日益凸显，私人资本追逐剩余价值最大化的本性以及土改后农村两极分化的日益严重，与中国共产党"将中国建设成为一个独立、自由、民主、统一和富强的新国家"的初衷相违背。加之中国共产党对新民主主义社会形态存续时间估计的不确定性以及迫于苏联的压力，走新民主主义道路建设中国现代化由此中断。

　　1953 年年底，中国共产党正式提出过渡时期总路线和总任务，即"在一个相当长的时期内，逐步实现国家的社会主义工业化，并逐步实现国家对农业、对手工业和对资本主义工商业的社会主义改造"。这一方针政策遵循生产关系必须适应、保护和促进生产力发展的基本原理，同时充分借鉴了苏联建设社会主义工业化的经验，创造性地采用和平赎买手段实现了所有制变革，力争经过三个五年计划实现社会主义工业化。在总路线的指导下，"一五"计划期间新中国的工业化取得了重大成就：工业总产值在工农业总产值中的比重达到 56.7%，重工业产值

奋斗故事

"一五"计划实施成就卓著

1953年元旦，人们从当天的《人民日报》社论中看到这样一句话："工业化，这是我国人民百年来梦寐以求的理想，这是我国人民不再受帝国主义欺侮、不再过穷困生活的基本保证。"人们还听到了一个新名词——第一个五年计划。新中国成立之初，我们连一辆汽车、一架飞机、一辆坦克、一辆拖拉机都不能造，随着"一五"计划的稳步推行，1953年10月，第一根无缝钢管在鞍钢诞生；1955年6月，第一套6000千瓦火力发电机组在上海组装；1955年7月，兰新铁路黄河大桥通车；1956年7月，第一批国产汽车出厂，第一架国产喷气式歼击机在沈阳试飞；等等。这一系列成就不仅增强了中国实现社会主义现代化的信心，而且为中国式现代化奠定了坚实的物质基础。

在工业产值中的比重达到45%。与此同时，社会主义改造取得了决定性胜利，1956年公有制经济在国民经济中已经占据绝对统治地位，达85.6%，以计划为手段的资源配置体系和平均化的国民收入分配体系基本形成。总体看来，中国共产党以工业化打开了建设社会主义现代化的大门，一种效仿苏联的社会主义现代化模式在中国已经初步建立起来。

（二）吸取苏联教训，探寻独立自主的社会主义现代化道路

社会主义制度的确立使中国的现代化探索进入了一个新的历史阶

段。作为现代化的后发国家，在国际经济秩序严重不平等的环境下，中国要想在有限的时间内完成国家的工业化进程，缩短与西方发达国家的差距，势必高度依赖计划经济体制，实施赶超战略。但随着中国现代化建设的不断推进，这种以全民所有制与集体所有制为基础，采用高度集中的计划经济体制的现代化建设模式的弊端也很快显现出来。为此，以毛泽东同志为主要代表的中国共产党人从理论上深刻总结和反思苏联建设社会主义现代化的经验教训，在《论十大关系》中集中探讨了中国现代化的基本问题。一方面，明确了建设社会主义现代化作为党和国家工作重心的战略地位，提出中国现代化的主要问题是"重工业、轻工业和农业的发展关系问题"。另一方面，打开了建设社会主义现代化的广阔视野，强调必须根据中国情况走自己的道路，学习一切国家和民族的长处。这就从总体思路和指导方针层面回答了如何建设中国的社会主义现代化。

◎1956 年 7 月 15 日，长春第一汽车制造厂生产出中国第一辆解放牌汽车，结束了中国不能生产汽车的历史。图为第一批国产解放牌载重汽车出厂时，全厂职工夹道欢迎

　　党的八大对中国社会主义现代化建设有了更新的认识，提出"中国共产党的任务，就是有计划地发展国民经济，尽可能迅速地实现国家工业化，有系统、有步骤地进行国民经济的技术改造，使中国具有强大的现代化的工业、现代化的农业、现代化的交通运输业和现代化的国防"，初步描绘了"四个现代化"的蓝图。虽然这些理论观点并未十分成熟，但是已经与苏联的社会主义现代化存在显著区别，这也标志着马克思主义基本原理同中国具体实际"第二次结合"在理论层面取得重大进展。在随后的实践推进过程中，"一五"计划的提前完成一度助长了急于求成的情绪，所制定的发展战略逐渐脱离了中国现代化的实际，这也促使中国共产党从挫折和教训中重新确立科学的社会主义现代化战略。

　　中国共产党高度重视科学技术对实现现代化的重大作用，多次向全国人民发出学习苏联先进科学技术的号召。1957 年 2 月，毛泽东在《关于正确处理人民内部矛盾的问题》中再次强调科学技术在现代化中的地位，提出建设"具有现代工业、现代农业和现代科学文化的社会主义国家"。1959 年 12 月至 1960 年 2 月，毛泽东在阅读苏联《政治经济学教科书》时提出加强"国防现代化"建设，反映出这一时期国际形势风云变幻对中国现代化产生的深刻影响。1964 年，周恩来在三届全国人大一次会议上向全国人民正式宣布："要在不太长的历史时期内，把我国建设成为一个具有现代农业、现代工业、现代国防和现代科学技术的社会主义强国，赶上和超过世界先进水平。"至此，基于现代化规律认知基础上的"四个现代化"思想得到正式确立。值得注意的是，"工业""农业"的叙述顺序进行了前后调整，这是由"大跃进"出现问题后在纠"左"过程中"以农业为基础、以工业为主导"发展国民经济总方针的提出所决定的，也标志着中国共产党对中国现代化理论自觉、实践自觉的不断提升。与此同时，周恩来提出了从"三五"计划开始，分"两步走"实现"四个现代化"奋斗目标的战略安排，即"第一步，建立一个独立的比较完整的工业体系和国民经济体系；第二步，全面实现农业、工业、国防和科学技术的现代化，使我国经济走在世界的前列"。关于实现社会主义现代化的时间表和路线图，1975 年，周恩来在四届全国人大一次会议上所作的《政府工作报告》中进行了具体部署：第一步，在 1980 年以前，建成一个独立的比较完整的工业体系和国民经济体系；第二步，在 20 世纪内，全面实现农业、工业、国防和科学技术的现代化，使我国国民经济走在世界前列。可以看出，经过近 30 年的探索，中国共产党深刻认识到中国现代化建设的艰巨性和复杂性，尽管这一过程充满艰辛和曲折，党内围绕中国现代化存在的若干重要问题产生过分歧甚至冲突，但中国共产党始终向着实现社会主义现代化这一宏伟目标不懈努力，奠定了中国式现代化的坚实基础。

总体上看，社会主义革命和建设时期，在"四个现代化"战略目标的指引下，中国的国民经济发展呈快速上升趋势，"从 1953 年到 1976 年，国内生产总值年均增长 5.9%，其中工业年均增长 11.1%"。就人民物质水平而言，"全国总人口从 1949 年的 5.4167 亿增长到 1976 年的 9.3717 亿。同期粮食的人均占有量从 418 市斤增加到 615 市斤"；就消费水平而言，"农村居民从 1952 年的 65 元增加到

1976 年的 131 元，城镇居民同期从 154 元增加到 365 元"，为中国特色社会主义现代化的开局起步创造了良好条件。尤为重要的是，在作为中国现代化联通世界重要板块的对外关系方面，这一时期中国共产党提出"三个世界"划分的全球战略主张，在广大发展中国家树立了政治威望；中美关系、中日关系相继实现正常化，为中国在经济贸易、科学文化等方面与世界高水平现代化国家深入交流，继而开启改革开放和社会主义现代化建设新时期铺平了道路。

二、"中国式的现代化"的提出和中国特色社会主义现代化建设的启航

党的十一届三中全会及时作出了"把全党工作的着重点和全国人民的注意力转移到社会主义现代化建设上来"的重大决策，以邓小平同志为主要代表的中国共产党人以"建设有中国特色的社会主义"命题开启了"中国式的现代化"。立足中国正处于并将长期处于社会主义初级阶段的基本国情，中国共产党对"四个现代化"的内涵标准和战略部署作出了调整，通过一系列战略创新有力推进了中国特色社会主义现代化的历史进程。

（一）中国特色社会主义开启"中国式的现代化"

如何实现现代化同社会主义的紧密结合是人类现代化史上的新课

题，对于中国而言，"苏联模式"给出的答案固然具有极为重要的参考价值，但实践证明只有结合中国的基本国情，才能打开建设社会主义现代化的新局面。换言之，作为中国现代化道路承载的社会主义道路必须具有鲜明的"中国特色"。以邓小平同志为主要代表的中国共产党人坚持一切从实际出发，提出"我们的现代化建设，必须从中国的实际出发……把马克思主义的普遍真理同我国的具体实际结合起来，走自己的道路，建设有中国特色的社会主义"，以一系列理论和实践创新推动中国现代化不断迈向新的高度。

1979年3月21日，邓小平在会见英中文化协会会长马尔科姆·麦克唐纳时，首次使用了"中国式的现代化"表述。他说："我们定的目标是在本世纪末实现四个现代化。我们的概念与西方不同，我姑且用个新说法，叫做中国式的四个现代化。"同年10月，邓小平在中共中央召开的各省、市、自治区第一书记座谈会上的讲话中对其进行了阐释，即"中国式的现代化，就是把标准放低一点"。应当明确的是，"中国式的现代化"是描述中国现代化事业的总体性概念，是同西方发达国家以及苏联现代化相比较而言，中国的社会主义现代化建设具有基于自身国情的鲜明特色，同时，"中国式的现代化"在发展水平上同高水平现代化还存在一定差距。1979年12月6日，邓小平在会见日本首相大平正芳时首次用"小康"这一富有中华优秀传统文化意蕴的概念指明了新时期推进"四个现代化"建设的具体目标。他指出，"我们的四个现代化的概念，不是像你们那样的现代化的概念，而是'小康之家'"，其具体内涵包括"到本世纪末……要达到第三世界中比较富裕一点的国家的水平，比如国民生产总值人均一千美元"，后来考虑到人口增长因素，又将这一标准调整为人均国民生产总值达到 800 美元。小康目标的提出把国家的现代化建设和人民生活水平的提高紧密联系在一起，克服了此前现代化目标偏重国家整体经济实力的增长、忽视个体生活水平提高的问题，意味着赶超型战略及其激进化的现代化建设思路发生了根本转变，一个立足基本国情，更加科学、更加务实的社会主义现代化战略正式登上历史舞台。

1982 年，党的十二大报告在明确提出全面开创社会主义现代化建设新局面的同时，进一步提出"我们在建设高度物质文明的同时，一定要努力建设高度的社会主义精神文明"。这标志着中国共产党开创了"物质文明"和"精神文明"协同发展的中国现代化总体布局。1987 年，党的十三大正确认识中国特色社会主义所处的历史方位，明确我国正处于社会主义初级阶段，并由此确定了以"一个中心，两个基本点"为核心内容的基本路线，明确其目标在于把中国建设成为"富强、民主、文明的社会主义现代化国家"。可以看出，这一时期"中国式的现代化"内涵不断拓展，中国共产党逐步认识到，仅仅关注物质层面的现代化建设是不够的，"我们所说的四个现代化，是实现现代化的四个主要方面，并不是说现代化事业只以这四个方面为限"。"中国式的现代化"要解决的主要矛盾已经是人民日益增长的物质文化需要同落后的社会生产之间的矛盾，中国式现代化的定位已由偏重物质文明的农业、工业、国防和科技现代化，向着经济、政治、文化整体的现代化转变。

在新的理论指导下，进入改革开放和社会主义现代化建设新时期之后的 13 年，中国特色社会主义现代化取得了历史性突破。农村、城市、科技、教育、政治等方面的体制改革，以及精神文明建设的推进使中国社会的面貌焕然一新，国内生产总值由 1978 年的 3645 亿元上升到 1991 年的 2 万亿元，外汇储备由 1978 年的 1.67 亿美元上升到 1990 年的 111 亿美元，11 亿人口的温饱问题基本解决。乘着改革开放的春风，中国式现代化扬帆起航。

（二）"三步走"现代化蓝图的擘画

在明确了建设社会主义现代化的战略目标之后，必须通过合理制定并严格执行科学的战略部署使现代化的目标逐步变为现实。改革开放以来，随着对现代化发展规律认识的深化以及对第二次世界大战后世界现代化尤其是亚洲"四小龙"发展状况的分析，中国共产党不断调整中国式现代化的战略部署。

围绕"小康社会"这一具体目标，1982 年，党的十二大勾勒了推进中国特色社会主义现代化的时间表，提出"力争使全国工农业的年总产值翻两番，即由一九八〇年的七千一百亿元增加到二〇〇〇年的二万八千亿元左右"，这是一种扩大经济体量的增量视野。同年 9 月，邓小平在陪同到访的朝鲜劳动党中央委员会总书记金日成去四川访问途中，进一步阐发了这一"两步走"战略："十二大提出的奋斗目标，是二十年翻两番。二十年是从一九八一年算起，到本世纪末。大体上分两步走，前十年打好基础，后十年高速发展。战略重点，一是农业，二是能源和交通，三是教育和科学。"这一"两步走"战略部署（10年+10年）是在20世纪内分为两个10年，三届全国人大一次会议《政府工作报告》提出的"两步走"（15年+20年）都是20世纪内的"两步走"。两年后，1984年10月6日，邓小平在会见参加中外经济合作问题讨论会全体中外代表时，进一步提出了新的"两步走"战略："我们第一步是实现翻两番，需要二十年，还有第二步，需要三十年到五十年，恐怕是要五十年，接近发达国家的水平。两步加起来，正好五十年至七十年。"这一新"两步走"战略部署的视野已经延伸至21世纪中叶，为后来"三步走"发展战略的提出奠定了基础。

党的十三大结合改革开放以来急剧变化的国内外发展形势，与时俱进地提出了中国特色社会主义现代化的"三步走"发展战略，对从"温饱"到"小康"，再到"基本实现现代化"这一长达70年的时间跨度进行了顶层设计和总体安排。简言之，第一步要解决人民的温饱问题（1981—1990年）；第二步要使人民生活达到小康水平（1991—2000年）；第三步要达到中等发达国家水平，基本实现现代化（2000—2050年）。值得注意的是，这一战略部署将"中等发达国家水平"作为21世纪中叶中国特色社会主义现代化的具体对照坐标，并强调这是"十分艰巨的事业"，充分认识到在两种意识形态相互较量的时代背景下推进中国式现代化的艰巨性和长期性。同时，强调发展好20世纪内的最后10年，为下一世纪50年的发展打好基础，展现出中国共产党极富远见卓识的战略眼光。

◎ 从滨海小渔村到国际化大都市，深圳的发展见证了中国式现代化的沧海桑田。图为深圳城市夜景

从"两步走"到"三步走"，中国特色社会主义现代化的战略部署不断完善，"基本实现现代化"总体时间向后推进至 21 世纪中叶避免了重蹈急于求成、指标过高的历史覆辙，极大地调动了人民群众的积极性和主动性。在"三步走"发展战略的引领下，中国特色社会主义现代化行稳致远，人民生活水平向着小康社会的总体目标不断迈进。

（三）推进中国特色社会主义现代化的战略创新

战略路径是现代化由理论转化为现实的关键一环，党的十一届三中全会以来，中国共产党提出的"中国式的现代化""小康社会""三步走"等新概念不仅拓展了中国特色社会主义现代化的理论内涵，更实现了中国特色社会主义现代化战略路径的创新发展。总体看来，从重启"四个现代化"到"小康社会"目标的提出，中国共产党在坚持"四个现代化"历史任务不动摇的基础上对赶超型战略路径进行了重大修正。就战略思维而言，中国特色社会主义现代化是解放思想与实事求是相统一的接近型现代化，是兼顾生产与生活相统一的人本型现代化。例如，面对以往急于求成情绪造成的国民经济比例严重失调以及受"文化大革命"影响出现的财政、信贷、物资不平衡局面，中国共产党以保障人民群众生产和生活的顺利开展为着力点，果断作出方针政策的调整。邓小平指出，"如果不调整，该退的不退或不退够，我们的经济就不能稳步前进……只有某些方面退够，才能取得全局的稳定和主动，才能使整个经济转上健全发展的轨道"，这就为中国特色社会主义现代化注入了新的活力。就战略意图而言，"退"只是解决问题的手段，"进"才是战略调整的根本目的。邓小平强调，这种调整转变不是后退，而是为了"站稳脚跟，稳步前进，更有把握地实现四个现代化，更有利于达到四个现代化的目标"。由此可见，中国特色社会主义现代化在战略路径的选择上由激进回归稳妥，是科学社会主义理论逻辑与中国社会发展历史逻辑的高度统一，昭示着其必将为人类现代文明作出巨大贡献。

随着战略思维的整体转变，中国共产党对推进中国特色社会主义现代化的具体路径有了更成熟全面的考虑。一方面，中国共产党将改革开放作为推进中国特色社会主义现代化的根本路径。"没有改革，就不可能实现四个现代化，改革要贯穿四个现代化的整个过程。"直面社会主义革命和建设时期遗留下的体制弊端，中国共产党借鉴其他国家和地区现代化发展的经验，将改革深入政党、国家、社会生活的方方面面，扫除了建设中国特色社会主义现代化的基本障碍；面向全球实施全方位对外开放，积极吸引外资参与中国特色社会主义现代化建设，推动实现中国与苏联、东欧社会主义国家外交关系正常化，同第三世界国家深入交流、互通有无，进一步打开了中国特色社会主义现代化的国际视野。另一方面，抓住科学技术现代化这一战略重点，按照工业化、城镇化、农业现代化的逻辑推进"四个现代化""并联式"发展。邓小平强调："四个现代化，关键是科学技术的现代化。没有现代科学技术，就不可能建设现代农业、现代工业、现代国防。"党的十二大重新将"现代工业"置于"四个现代化"之首，党的十三大提出既要着重推进传统产业革命，又要迎头赶上世界新技术革命的双重任务，发出了新时期开创"三化同步"的中国特色社会主义现代化发展格局的先声。

三、中国特色社会主义现代化建设的加速推进

20世纪90年代，中国特色社会主义现代化已经基本实现由温饱到总体小康的历史性跨越。面对国内外发展形势的新变化以及人民对建设中国特色社会主义现代化的新诉求，中国共产党通过一系列理论

和实践创新逐步建构起"五位一体"的中国特色社会主义现代化总体布局。随着战略部署的进一步完善,中国特色社会主义现代化在加速推进的同时开辟出更为多元化的发展路径。

(一)"五位一体"的现代化总体布局初具轮廓

苏联解体、东欧剧变以来,国际社会主义运动遭遇严重挫折,国内外对中国特色社会主义的质疑之声一时不绝于耳。1992年,邓小平视察南方并发表重要讲话,强调要坚持党的基本路线一百年不动摇;社会主义的本质是解放和发展生产力;计划和市场都是发展经济的手段。这些论断进一步解放了人们的思想,引领中国特色社会主义现代化进入了承上启下的关键阶段。经过20世纪80年代至90年代初的快速发展,到1995年中国提前实现原定国民生产总值2000年比1980年翻两番的目标,中国特色社会主义现代化进入了总体小康时代。但此时的小康还呈现出水平较低、不全面、发展很不平衡的状态,只能基本满足民生结构中托底型需求,社会主要矛盾的解决要求从经济、政治、文化等多个维度建设更高水平的小康。

早在改革开放之初,邓小平就指出:"现代化建设的任务是多方面的,各个方面需要综合平衡,不能单打一。"随着总体小康的实现,人民日益增长的物质文化需要也逐渐丰富,基于这样的发展形势,中国共产党对"小康"作出了新阐释,注重物质文明同精神文明的协调发展。新时期以来,中国共产党对"小康"的解读虽然拓展至精神生活等层面,但总体上仍旧偏重物质生产,这是由中国特色社会主义现代化必须建基于高度发达的物质文明决定的。1997年，党的十五大报告提出，"建设有中国特色社会主义的经济、政治、文化的基本目标和基本政策，有机统一，不可分割，构成党在社会主义初级阶段的基本纲领"，推动中国特色社会主义现代化按照物质文明、政治文明、精神文明"三位一体"的总体布局展开。党的十五届五中全会进一步提出"从新世纪开始，我国将进入全面建设小康社会，加快推进社会主义现代化的新的发展阶段"，中国特色社会主义现代化战略目标的这一转变实质上是由低水平小康迈向高水平小康，由不全面小康走向更全面小康，由不平衡小康达到更平衡小康。2002年，党的十六大提出要建设"经济更加发展、民主更加健全、科教更加进步、文化更加繁荣、社会更加和谐、人民生活更加殷实"的小康社会，在清晰描绘"全面小康"蓝图的同时，首次将其内涵扩延至以民生为重点的社会建设领域。2007年，党的十七大报告第一次按照"四位一体"的总体布局论述中国特色社会主义道路和基本纲领，对中国特色社会主义经济建设、政治建设、文化建设、社会建设作了全面部署。面对推进中国特色社会主义现代化过程中逐渐暴露出的生态文明短板，2012年，党的十八突出强调生态文明建设，中国特色社会主义事业总体布局由"四位一体"拓展至"五位一体"。在此基础上，党的十八大进一步提出"全面建成小康社会"的目标任务。在科学发展观的引领下，中国特色社会主义现代化由粗放式发展转变为科学发展，把发展的质量和效益摆在了更为重要的位置，其"以民为本"的底色也更加清晰明显。

总而言之，这一时期，中国共产党通过一系列实践基础上的理论创新和制度创新推动中国特色社会主义现代化高速发展，取得了重大成果。2010 年中国成为世界第二大经济体，1978—2012 年，中国国内生产总值年均增长 9.9%，而同期世界经济年均增长仅 2.8%；中国经济总量占世界的份额从 1.7% 提升至 11.3%；国内生产总值、人均国内生产总值、外汇储备和财政收入分别增长了 23 倍、16 倍、1.98 万倍和 103 倍。正如《中共中央关于党的百年奋斗重大成就和历史经验的决议》指出："改革开放和社会主义现代化建设的伟大成就举世瞩目，我国实现了从生产力相对落后的状况到经济总量跃居世界第二的历史性突破，实现了人民生活从温饱不足到总体小康、奔向全面小康的历史性跨越，推进了中华民族从站起来到富起来的伟大飞跃。"

经典智慧

1.凡治国之道，必先富民。——《管子·治国》

【释义】大凡治理国家，一定要先使百姓富裕起来。

2.治国有常，而利民为本。——《文子·上义》

【释义】治理国家有常规，而以利于百姓人民为根本。

3.民亦劳止，汔可小康。——《诗经·大雅·民劳》

【释义】老百姓辛苦劳作，需要安乐的生活。

4.天地之大，黎元为本。——《晋书·宣帝纪·制曰》

【释义】天地虽然广袤无垠，但是黎民百姓才是国家的根本。

（二）中国现代化的全新战略部署

按照邓小平的设想，中国特色社会主义现代化完成小康社会的历史使命以后，进入 21 世纪将实施战略部署的第三步，用 30—50 年的时间接近中等发达国家的水平。鉴于总体小康水平的现实状况，党的十五大提出跨世纪发展战略：21 世纪"第一个十年实现国民生产总值比二〇〇〇年翻一番，使人民的小康生活更加宽裕，形成比较完善的社会主义市场经济体制；再经过十年的努力，到建党一百年时，使国民经济更加发展，各项制度更加完善；到世纪中叶建国一百年时，基本实现现代化，建成富强民主文明的社会主义国家"。党中央作出这一部署的依据在于，和平与发展已经成为时代主题，世界格局正在走向多极化，世界范围内科技革命突飞猛进，经济发展势头正盛，为建设中国特色社会主义现代化提供了有利的外部环境。这一跨世纪发展战略涵盖了产业基础、国民素质、社会体制等诸多建设目标，将战略重点放在优化经济结构、发展科学技术和提高对外开放水平上，广泛吸取了发达国家现代化建设的经验教训。

党的十六大又在新"三步走"战略的基础上，把未来的 50 年划分为两个发展阶段，提出"要在本世纪头二十年，集中力量，全面建设惠及十几亿人口的更高水平的小康社会……经过这个阶段的建设，再继续奋斗几十年，到本世纪中叶基本实现现代化，把我国建成富强民主文明的社会主义国家"。2012 年，党的十八大根据国内外形势的新变化，科学把握经济社会发展的趋势和规律，发出了向实现"两个一百年"奋斗目标进军的号召，即到中国共产党成立 100 年时全面建成小康社会；到新中国成立 100 年时建成富强民主文明和谐的社会主义现代化国家。"两个一百年"奋斗目标的提出既与时俱进、鼓舞人心，又立足现实、切实可行，向世人清晰地勾勒了实现中国特色社会主义现代化的时间表和路线图。

（三）开辟建设中国特色社会主义现代化的新路径

在推进中国特色社会主义现代化过程中，中国共产党在深刻总结社会主义建设历史经验的基础上，重新思考和阐述社会主义的本质，开辟了建设中国特色社会主义现代化的新路径。

一方面，中国共产党破除了计划经济等于社会主义、市场经济等于资本主义的传统教条，开创了社会主义市场经济体制。"中国特色社会主义的核心问题就是实现从社会主义计划经济体制向社会主义市场经济体制的历史转变问题"，推进中国特色社会主义现代化，传统的计划经济体制并不能为其提供足够的动力支撑，必须实现计划和市场的有机结合。以所有制改革和资源配置机制改革为重点，经过从"计划经济为主、市场调节为辅"到"社会主义有计划商品经济"再到 1992 年党的十四大正式确立社会主义市场经济体制改革目标的渐次推进，逐步建构起与中国特色社会主义相适应的现代化经济体制。另一方面，中国共产党突出强调科学技术是第一生产力，坚持把教育放在优先发展的战略地位，高度重视对生态环境的保护，实施了科教兴国、人才强国、可持续发展等重大战略。中国特色社会主义现代化将经济建设的着力点转移到依靠科技进步和提高劳动者素质的轨道上来，逐步获取了实现现代化的硬实力；培育出一支踏实肯干、素质过硬的高水平人才队伍，为推进中国特色社会主义现代化提供了完备的人才支撑。除此之外，中国共产党相继实施推进西部大开发、振兴东北老工业基地、促进中部地区崛起、支持东部地区率先发展等区域协调发展战略，积极稳妥推进政治体制改革，推动社会主义文化大发展大繁荣，加快推进以民生为重点的社会建设，加强对生态环境的保护和治理，不断提高对外开放水平，建设高水平的现代化正规化革命军队，使中国特色社会主义现代化真正成为各领域协调发展的现代化。

第二章

变革成就

——党的十八大以来中国式现代化的成功推进和拓展

党的十八大以来，中国特色社会主义进入新时代。新时代是坚持和发展中国特色社会主义的崭新历史方位，是实现中华民族伟大复兴的全新历史阶段，也是推进中国式现代化的崭新历史起点。党的二十大报告强调："经过十八大以来在理论和实践上的创新突破，我们党成功推进和拓展了中国式现代化。"这表明，以习近平同志为核心的党中央不仅在历史纵深层面将中国式现代化推进到了新的历史高度，而且在时代特色层面拓展了中国式现代化的内涵和外延。那么，应当如何理解和把握党的十八大以来中国式现代化的伟大变革成就？立足世界百年未有之大变局的时代背景，党的十八大以来中国式现代化的成功推进和拓展主要体现为：中国式现代化道路的深层推进、中国式现代化理论的时代升华、中国式现代化领域的叠加拓展、中国式现代化境界的不断跃升。

一、中国式现代化道路的深层推进

道路决定方向，方向决定未来。中国式现代化道路是中国式现代化的基石，党的十八大以来，中国特色社会主义文化充分滋养了中国式现代化道路，使其文化底蕴日渐深厚。与此同时，经济建设、政治建设、文化建设、社会建设、生态文明建设"五位一体"的现代化总体布局也日益完善,"五个文明"协调发展成为中国式现代化道路的显著优势。在此基础上,中国共产党对现代化发展规律的认识提升到了新的高度,通过对战略部署的科学调整为推进中国式现代化汇聚起源源不断的发展动力。

(一)文化底蕴的日渐深厚

灿烂的文明和兴盛的文化是一个民族行稳致远的内在根基。党的十八大以来,以习近平同志为核心的党中央围绕社会主要矛盾发生变化的现实状况,明确指出:"满足人民过上美好生活的新期待,必须提供丰富的精神食粮。"在"全面建成小康社会"目标的引领下,文化建设被置于突出的位置,中国特色社会主义由道路自信、理论自信、制度自信拓展为包含文化自信在内的"四个自信"。中国共产党深刻认识到,传承发展中华优秀传统文化与坚持中国式现代化道路之间的关系并非二律背反,而是相互包孕和依存。通过对中华优秀传统文化的创造性转化、创新性发展,中国式现代化道路从中汲取了经验和智慧,"以民为本"的文化传统规约了中国式现代化道路的价值取向,"自强不息"的文化传统激发了中国式现代化道路的磅礴伟力,"天人合一"的文化传统彰显了中国式现代化道路的生态文明意蕴,"和而不同"的文化传统打开了中国式现代化道路的格局视野。中国共产党赓续红色血脉,传承革命文化基因,建构起中国共产党人精神谱系,为在中国式现代化道路上砥砺奋进提供了强大精神支撑。"焦裕禄精神,同井冈

山精神、延安精神、雷锋精神、红旗渠精神等都是共存的。任何一个
民族都需要有这样的精神构成其强大精神力量，这样的精神无论时代
发展到哪一步都不会过时。"实践证明，中国共产党人精神谱系所蕴含
的磅礴精神力量，尤其是艰苦奋斗、实事求是、敢于斗争等精神内核，
在走好中国式现代化道路过程中起着极为重要的实践导向作用。中国
共产党把握历史主动，不断推动社会主义先进文化发展创新，实现了
马克思主义中国化时代化新飞跃，为拓宽中国式现代化道路提供了科
学指南。习近平新时代中国特色社会主义思想是马克思主义中国化时
代化的最新成果，从顶层设计的高度系统回答了"建设什么样的社会
主义现代化强国""怎样建设社会主义现代化强国"等重大时代课题，

◎ 坚持真理、坚守理想，践行初心、担当使命，不怕牺牲、英勇斗争，对党忠诚、
不负人民的伟大建党精神，是中国共产党的精神之源。图为浙江嘉兴南湖红船

站在时代的制高点为中国式现代化道路乘风破浪指引方向。总而言之，党的十八大以来，中国式现代化道路更加自觉和主动地将中国特色社会主义文化把握为精神力量，自身的文化底蕴也日渐深厚。

（二）总体布局的日益完善

党的十八大正式确立了中国特色社会主义"五位一体"的总体布局，经济建设、政治建设、文化建设、社会建设、生态文明建设成为中国式现代化道路向前推进的基本领域。党的十八大以来，中国共产党统筹推进"五位一体"总体布局，使中国式现代化道路收获了累累硕果。就经济建设而言，中国式现代化道路在新发展理念的指引下着力推进高质量发展，推动构建新发展格局，实施供给侧结构性改革，"国内生产总值从五十四万亿元增长到一百一十四万亿元，我国经济总量占世界经济的比重达百分之十八点五，提高七点二个百分点，稳居世界第二位"，城乡收入差距和人均可支配收入差距明显缩小，开创了全体人民共同富裕的物质文明。就政治建设而言，中国式现代化道路在新一轮改革浪潮中全面推进社会主义民主政治制度化、规范化、程序化，巩固拓展爱国统一战线，开创了全过程人民民主的政治文明。就文化建设而言，中国式现代化道路始终坚持马克思主义在意识形态领域的指导地位，着力推进马克思主义中国化时代化，广泛传播社会主义核心价值观，中华文化的世界影响力与日俱增，开创了坚持中国特色社会主义文化的精神文明。就社会建设而言，中国式现代化道路坚守以人民为中心的价值立场，在幼有所育、学有所教、劳有所得、病有所医、老有所养、住有所居、弱有所扶上持续用力，推进国家治理体系和治理能力现代化，开创了共建共治共享的社会文明。就生态文明建设而言，中国式现代化道路秉持绿水青山就是金山银山的发展理念，坚持山水林田湖草沙一体化保护和系统治理，全方位、全地域、全过程加强生态环境保护，开创了人与自然和谐共生的生态文明。总而言之，党的十八大以来，"五位一体"现代化总体布局的统筹推进取得了一系列重大成果，"五个文明"协调发展已然成为中国式现代化道路的显著优势。

（三）战略部署的科学调整

科学的战略部署是现代化完成由理论向实践转化的关键一环，结合世情国情的深刻变化不断调整推进中国式现代化道路的战略部署是中国共产党的优良传统。自党的十八大提出"两个一百年"奋斗目标以来，中国式现代化道路向着全面建成小康社会不断迈进。随着社会主要矛盾发生转化，党的十九大对推进中国式现代化道路的战略部署作出了适时调整。首先，明确了实现社会主义现代化和中华民族伟大复兴是坚持和发展中国特色社会主义的总任务。这意味着中国式现代化道路的战略定位更加明确，即作为实现社会主义现代化和中华民族伟大复兴的根本道路承载。其次，擘画了全面建成社会主义现代化强国的战略蓝图。党的十九大提出"两个十五年"战略步骤，将2020—2050年这一历史时期分为两个阶段："第一个阶段，从二○二○年到二○三五年，在全面建成小康社会的基础上，再奋斗十五年，基本实现社会主义现代化。""第二个阶段，从二○三五年到本世纪中叶，在基本实现现代化的基础上，再奋斗十五年，把我国建成富强民主文明和谐美丽的社会主义现代化强国。"最后，在建设现代化经济体系、发展社会主义民主政治、推动社会主义文化繁荣兴盛、加强和创新社会治理、建设美丽中国等方面作出了具体战略规

奋斗故事

在中华大地上全面建成了小康社会

改革开放之初，邓小平首先用小康来诠释中国式现代化，明确提出到 20 世纪末"在中国建立一个小康社会"的奋斗目标，这个目标在 20 世纪末如期实现，人民生活总体上达到了小康水平。在这个基础上，党的十六大提出 21 世纪头 20 年全面建设惠及十几亿人口的更高水平的小康社会的奋斗目标，我们党扭住这个奋斗目标，一茬接着一茬干，全面建设小康社会取得了显著成绩。

党的十八大以来，我国发展进入新的历史方位，全面建成小康社会、实现第一个百年奋斗目标进入关键阶段。经过 8 年持续奋斗，我国经济实力、科技实力、综合国力和人民生活水平跃上了新的大台阶。2020 年我国国内生产总值超过 100 万亿元，人均国内生产总值超过 1 万美元，8 年来现行标准下 9899 万农村贫困人口全部脱贫，三大攻坚战取得决定性成就，城镇化率超过 60%，中等收入群体超过 4 亿人，千百年来困扰中华民族的绝对贫困问题历史性地画上句号，在中华大地上全面建成了小康社会，中华民族伟大复兴向前迈出了新的一大步。

划，开辟了推进中国式现代化道路的战略路径。党的十九大以来，中国式现代化道路越走越宽，攻克了许多长期没有解决的难题，办成了许多事关长远的大事要事。2021 年 7 月 1 日，习近平总书记在天安门城楼上向世界庄严宣告，"经过全党全国各族人民持续奋斗，我们实现了第一个百年奋斗目标，在中华大地上全面建成了小康社会"。在科学战略部署的引导下，中国式现代化道路踏上了全面建设社会主义现代化国家新征程，正意气风发地向着共产主义远大理想不断奋进。

二、中国式现代化理论的时代升华

新时代以来，以习近平同志为核心的党中央在深刻把握马克思主义现代化理论的基础上，对中国式现代化的本质内涵、历史脉络、主要特征、本质要求等核心问题进行了深邃思考，"初步构建中国式现代化的理论体系，使中国式现代化更加清晰、更加科学、更加可感可行"。中国式现代化理论立足中国、放眼世界，实现了对西方现代化理论的扬弃和超越，为人类现代文明发展指明了方向。

（一）厘定中国式现代化的本质内涵

文明史的范畴化是人类展开反思的阶梯和支撑点，亦是理论建构的重要前提。理解和把握中国式现代化理论，首先要回答什么是"中国式现代化"。党的二十大报告指出，"中国式现代化，是中国共产党领导的社会主义现代化"，这表明，中国式现代化是社会主义和现代化的有机统一。一方面，"社会主义"是中国式现代化内生性的核心因素，是其文明主体性的充分彰显。相较于资本主义现代化，中国式现代化摒弃了西方以资本为中心的现代化，两极分化的现代化、物质主义膨胀的现代化、对外扩张掠夺的现代化老路，坚持"人民至上"的价值逻辑，致力于推动人的现代化，激发最广大人民参与现代化建设的积极性和主动性；坚持"全面协调"的发展逻辑，统筹推进"五位一体"总体布局，创造"五个文明"协调发展的人类文明新形态；坚持"合作共赢"的对外逻辑，正确处理不同制度、不同文明、不同意识形态国家间的关系，推动构建人类命运共同体。另一方面，"现代化"是中国式现代化的叙事主题，中国式现代化充分诠释了人类社会现代化发展的一般规律。首先，中国式现代化充分诠释了现代化发展道路的多样性规律。从现代化类型上看，中国式现代化属于后发外生型现代化，既不同于欧洲国家的早发内生型现代化，亦区别于同属后发外生型现代化的亚洲其他国家。中国式现代化坚持将马克思主义基本原理同中国具体实际相结合、同中华优秀传统文化相结合，走出了一条具有民族特色、彰显时代精神的现代化道路，为世界现代化提供了一个崭新的发展样本。然后，中国式现代化充分诠释了现代化主题紧扣时代脉搏的发展规律。20世纪80年代以来，通过对"和平与发展"这一时代主题的深刻把握，特别是对世界现代化时代特征的准确判断，中国共产党与时俱进地调整中国式现代化的发展战略，不断拟定新的战略目标，制定新的战略规划，开辟新的战略路径，使中国式现代化始终走在时代前列，以举世瞩目的伟大成就获取了时代的高度认可。

（二）擘画中国式现代化的宏伟蓝图

中国式现代化理论清晰勾勒了中国式现代化自新中国成立特别是改革开放以来砥砺奋进的历史脉络，擘画出全面建设社会主义现代化国家的宏伟蓝图。早在新民主主义革命时期，中国共产党结合中国是一个落后农业国的现实国情，确立了"为着中国的工业化和农业近代化而斗争"的奋斗目标，翻开了中国现代化事业的崭新一页。1949年，新中国成立为中国式现代化创造了根本社会条件，使现代化在中国第一次成为一种自觉的国家意志。随着国民经济迅速恢复以及社会主义改造的顺利完成，中国式现代化步入了以"四个现代化"为核心内容的起步阶段。1964年，周恩来在三届全国人大一次会议上作《政府工作报告》时，正式宣布"要在不太长的历史时期内，把我国建设成为一个具有现代农业、现代工业、现代国防和现代科学技术的社会主义强国"，这标志着"四个现代化"战略目标的正式确立。同时，党中央提出"两步走"战略构想："第一步，用十五年时间，即在一九八〇年以前，建成一个独立的比较完整的工业体系和国民经济体系；第二步，至本世纪内，全面实现农业、工业、国防和科学技术的现代化，使我国国民经济走在世界的前列。"由此，中国式现代化逐步上升为总体国家战略，并随着思想路线的拨乱反正推动中国社会发生巨变。党的十一届三中全会后，邓小平"建设有中国特色的社会主义"命题为中国式现代化提供了新的发展思路。在"小康社会"目标的引领下，中国式现代化按照"三步走"发展战略迅速推进，经过几代人的努力，社会主义市场经济、社会主义民主政治、社会主义先进文化、社会主义和谐社会和社会主义生态文明得到长足发展，至党的十八大，"五位一体"的现代化总体布局基本形成。中国特色社会主义进入新时代，中国式现代化在"两个一百年"奋斗目标的指引下取得了一系列重大成就，擘画了"在全面建成小康社会的基础上，分两步走在本世纪中叶建成富强民主文明和谐美丽的社会主义现代化强国"的现代化蓝图。在完成"全面建成小康社会"的历史任务后，中国式现代化进入全面建设社会主义现代化国家的新阶段。由此可见，"工业化—'四个现代化'—小康社会—社会主义现代化强国"清晰勾勒出中国式现代化的历史脉络和未来走向，明确了顺利推进中国式现代化的时间表和路线图。

（三）阐证中国式现代化的中国特色

中国式现代化是马克思主义基本原理同中国具体实际相结合、同中华优秀传统文化相结合的产物，既有各国现代化的一般性特征，更有符合自己国情的中国特色。第一，中国式现代化是人口规模巨大的现代化。人口规模巨大既是中国式现代化展开的现实条件，也是中国式现代化发展的显著优势。因为中国式现代化始终坚持以人民为中心，14亿多人民不仅是中国式现代化成果的享有者，更是中国式现代化历史的书写者。第二，中国式现代化是全体人民共同富裕的现代化。共同富裕是社会主义的本质特征，中国共产党始终坚持把实现人民对美好生活的向往作为现代化建设的出发点和落脚点，在做好"蛋糕"的同时分好"蛋糕"，着力维护社会公平正义。第三，中国式现代化是物质文明和精神文明相协调的现代化。"物质富足、精神富有是社会主义现代化的根本要求"，中国式现代化统筹推进"五位一体"总体布局，以经济社会的全面进步开创出"五个文明"协调发展的人类文明新形态。第四，中国式现代化是人与自然和谐共生的现代化。自然界是人类赖以生存和发展的基础，中国式现代化将生产端和治理端相结合，坚定不移走生产发展、生活富裕、生态良好的文明发展道路，是高质量和可持续发展的现代化。第五，中国式现代化是走和平发展道路的现代化。在追赶世界现代化的过程中，中国式现代化始终以积极的姿态融入世界浪潮，在吸收世界现代文明优秀成果的同时持续为解决世界性的现代化难题贡献中国智慧和中国方案。

（四）明确中国式现代化的本质要求和重大原则

中国式现代化之所以能够谱写世界现代化的新篇章，创造人类文明发展的新形态，根本上是由于其对"坚持干什么""怎么干""干成什么"等原则性问题的回答实现了合规律性与合目的性的高度统一。党的二十大报告明确了中国式现代化的本质要求："坚持中国共产党领导，坚持中国特色社会主义，实现高质量发展，发展全过程人民民主，丰富人民精神世界，实现全体人民共同富裕，促进人与自然和谐共生，推动构建人类命运共同体，创造人类文明新形态。"这表明，首先，中国共产党是中国式现代化的领导核心，中国共产党通过实施科学的路线、方针和政策保证中国式现代化顺利推进，同时按照中国式现代化的发展要求不断自我革命，使自身的发展永远同中国式现代化相适应。中国特色社会主义是实现中华民族伟大复兴的必由之路，同时是推进中国式现代化的必由之路。实现中华民族伟大复兴和实现社会主义现代化是坚持和发展中国特色社会主义的总任务，只有在中国特色社会主义的坚实承载下，中国式现代化才能乘风破浪、行稳致远。其次，"实现高质量发展，发展全过程人民民主，丰富人民精神世界，实现全体人民共同富裕，促进人与自然和谐共生"明确了推进中国式现代化的具体方略和路径。只有兼顾经济社会全方位的发展，以"五位一体"的现代化总体布局凝聚起"1+1>2"的发展效能，才能真正将"人的现代化"这一核心目标贯彻于中国式现代化涵盖的各个领域。最后，"推动构建人类命运共同体，创造人类文明新形态"深刻诠释了中国式现代化的世界历史价值。中国式现代化既是为民族谋复兴的现代化，亦是为世界谋大同的现代化，始终倡导以文明交流超越文明隔阂，以文明互鉴超越文明冲突，以文明共存超越文明优越，为广大发展中国家走向现代化拓展了实践路径，为人类现代文明的演进提供了实践样本。

党的二十大报告概括了推进和拓展中国式现代化的重大原则：坚持和加强党的全面领导、坚持中国特色社会主义道路、坚持以人民为中心的发展思想、坚持深化改革开放、坚持发扬斗争精神。这五项重大原则具有重要的方法论意义，强调的是推进和拓展中国式现代化的内在遵循。五项重大原则辩证统一，分别回答了推进和拓展中国式现代化必须坚持什么样的领导核心、必须举什么旗、必须坚持什么样的价值立场、必须形成何种动力机制、必须保持什么样的精神状态，从总体上彰显出对推进和拓展中国式现代化的重要方法论意蕴。

三、中国式现代化领域的叠加拓展

新时代以来，中国式现代化在全面建成小康社会的基础上开启了全面建设社会主义现代化国家新征程，"四化同步"成为中国式现代化聚焦的主题，"五位一体"成为中国式现代化发展的主线。在此基础上，中国式现代化实现了发展领域的叠加拓展，更加立体地呈现出自身的优越性。

（一）"四化同步"的"并联式"现代化

根据世界各国现代化的普遍经验，现代化在"范式变迁"意义上大致可分为两个阶段。第一阶段是从农业社会到工业社会的转变，工业化、城市化、民主化构成其典型特征。第二阶段是从工业社会到信息社会的转变，信息化、生态化构成其典型特征。党的十八大前后，西方发达国家已经基本完成第一阶段现代化任务，开启了第二阶段的现代化，但绝大多数发展中国家尚未完成工业化任务，仍处于第一阶段现代化。中国作为极具潜力的发展中国家之一，总体上处于第一阶段现代化中后期，但在全球化的作用下，第二阶段现代化任务在中国已逐步付诸实践。中国式现代化是在"时空压缩"的条件下进行的，发展时间的压缩决定了，西方发达国家用二三百年走完的现代化道路，中国要压缩到几十年的时间走完；发展任务的叠加，决定了西方发达国家用较长时间才完成的现代化任务，中国要压缩到较短时间内高质量完成；发展时间的压缩、发展任务的叠加使发展中的问题相互交织，西方发达国家历时性出现的各种问题，在中国将共时性出现。因此，中国式现代化必将是各领域叠加发展的"并联式"推进过程。

党的十八大首次提出促进新型工业化、信息化、城镇化、农业现代化"四化同步"，党的二十大把基本实现"新四化"与"建成现代化经济体系，形成新发展格局"等经济现代化目标一起纳入

◎大数据不仅是一场技术和产业革命，也将带来国家治理的深刻变革，我国正在布局建设全国一体化算力网络国家枢纽节点，实施"东数西算"工程。图为贵州贵阳贵安华为云数据中心

2035年我国发展的总体目标之中，实现了中国式现代化的重大跃迁。"四化同步"强调的是中国式现代化各领域的"并联式"叠加发展，信息化和工业化深度融合、工业化和城镇化良性互动、城镇化和农业现代化相互协调，使中国式现代化呈现出规划上同步发展、部署上并联发展、推进上叠加发展的壮丽图景。有学者认为，"四化同步"战略选择是两次现代化的同步进行协调发展。事实上，中国式现代化在以"四个现代化"为核心内容的发展阶段，仍旧是现代化的工业、现代化的农业、现代化的科学技术、现代化的国防叠加推进。"新四化"与"老四化"并不是历时态的顺承关系，而是相互交汇、相互融合，中国式现代化作为"并联式"现代化实现了对西方现代化的超越。

首先，中国式现代化超越了单一线性论，体现了现代化的多样性与非线性逻辑。中国式现代化从实践上说明了"并联式"现代化的可行性，实现现代化并非一定要遵循工业化——城镇化——农业现代化——信息化顺序发展的线性逻辑。其次，中国式现代化超越了渐序发展逻辑，在诸多方面实现了跨越式发展。在特定的社会历史条件下，跨越式发展更加契合后发外生型现代化国家的发展需要。党的十八大以来，中国式现代化紧跟世界科技潮流，以信息化带动工业化，发挥后发优势，借助先进科技力量在经济、文化、社会、军事、教育等众多领域实现了跨越式发展。最后，中国式现代化超越了简单现代化，为破解复杂现代化这一时代难题作出了原创性贡献。各领域的"并联式"发展既为中国式现代化创造了更多良好的发展机遇，也使自身承受了两个阶段现代化的双重压力。对此，中国总结出独特的发展经验，即妥善处理生态文明与物质文明的关系、科学统筹效率与公平的关系、努力平衡自由与秩序的关系，通过各领域的"并联式"叠加发展更加主动地为推进现代化开辟广阔空间。

（二）"五位一体"的全方位现代化

"全面性"是中国式现代化的一个根本要义，主要体现为中国式现代化是全方位各领域的现代化。党的十九届五中全会提出 2035 年基本实现现代化的远景目标，包括总体经济实力、科技实力、综合国力将大幅跃升，关键核心技术实现重大突破，基本实现国家治理体系和治理能力现代化，基本建成法治国家、法治政府、法治社会，建成文化强国、教育强国、人才强国、体育强国、健康中国，美丽中国建设目标基本实现，形成对外开放新格局，平安中国建设达到更高水平等。可以看出，中国式现代化坚持全面协调、统筹兼顾，以各个部分的协调发展促进整体水平的不断跃升。

经济、政治、文化、社会、生态文明是中国式现代化的 5 个重点领域。中国式现代化是全体人民共同富裕的现代化，经济上的长足进步不仅以经济总量的扩大为表征，更体现为人民群众更加公平、更加合理地占有了中国式现代化的发展成果。中国式现代化是全过程人民民主的现代化，党的领导、人民当家作主、依法治国的高度统一为中国式现代化构筑起坚实的政治壁垒，充分激发人民群众参与现代化建设的积极性、主动性和创造性。中国式现代化是坚持中国特色社会主义文化的现代化。中华优秀传统文化、革命文化、社会主义先进文化的深层滋养为中国式现代化提供了柔韧绵长的发展动力。中国式现代化是共建共治共享的现代化，国家治理体系和治理能力现代化水平不断提升为解决现代化过程中的诸多社会问题奠定了基础。中国式现代化是人与自然和谐共生的现代化，中国式现代化绝不走先污染、后治理的现代化老路，坚持物质文明与生态文明两手抓，实现了生态文明现代化的重大进步。

"五位一体"总体布局明确了推进中国式现代化要抓住"五大领域"建设这个关键，但中国式现代化并不只是这 5 个重点领域的现代化，而是涵盖了经济社会的方方面面，农业农村现代化、教育现代化、国防和军队现代化、科学技术现代化……都是中国式现代化的发展领域。要言之，以人的现代化为价值目标，中国式现代化广泛落实于人民群众的社会生活实践，并随着人民群众不断增长的美好生活需要不断拓展自身的发展领域。

（三）创造人类文明新形态的现代化

进入新时代，中国式现代化在新的历史方位上充分呈现出对中华民族、对世界社会主义和对人类社会整体的世界历史意义。这种世界历史意义之所以得以呈现，正在于中国式现代化"在完成现代化任务的同时，在占有现代文明积极成果的同时，正在开创人类文明的新形态"。这意味着，中国式现代化实现了对现代性本身的扬弃和超越。一方面，从发展目标上看，中国式现代化开启了全面建设社会主义现代化国家新征程，既要求充分全面地实现现代化，同时牢牢坚持社会

延伸阅读

2023年12月3日，首届"良渚论坛"在浙江省杭州市举办，深化同共建"一带一路"国家的文明对话。

文明对话，何以良渚？良渚，意为"美丽的水中之洲"。良渚古城遗址位于浙江省杭州市余杭区，距今已有5300年至4300年的历史，是一座包括官殿区、内城和外城的三重城，占地630多公顷，被誉为"中华第一城"。1936年，考古学家首次发现良渚遗址；20世纪80—90年代，考古工作者在良渚遗址相继发现一大批高等级墓地、祭坛和人工堆筑的大型官殿基址；2007年，发现良渚古城；2015年，发现良渚古城外围水利系统。2019年7月6日，良渚古城遗址成功列入《世界遗产名录》。

从古丝绸之路到今天共建"一带一路"，从5000年前的良渚遗址到新时代的"良渚论坛"……历史和实践证明，文明因交流而多彩，因互鉴而丰富。只有坚持平等、互鉴、对话、包容，才能以海纳百川的胸怀打破文化交往的壁垒，才能更好地推动不同文明共同发展进步，以自信开放的姿态更好建设中华民族现代文明。

主义的现代化定向。这即是说，中国式现代化是以扬弃现代性本身为定向的。正是这两个方面的辩证统一，中国式现代化在特定的历史转折点上同人类文明新形态建立起本质的联系。另一方面，在历史性的实践中，中国式现代化内蕴的关于创造人类文明新形态的诸多理念和要素正在积极地生成。例如，"以人民为中心"的发展理念只有突破

◉ 图为良渚古城遗址公园

以追逐剩余价值最大化为原则的现代性本身时，才成为可能。又如，"文明互鉴"只有在现代性的权力所设置的支配—从属关系被完全超越时，才可能真正发展起来。因此，中国式现代化的实践推进同时意味着开启人类文明新形态。"我们坚持和发展中国特色社会主义，推动物质文明、政治文明、精神文明、社会文明、生态文明协调发展，创造了中国式现代化新道路，创造了人类文明新形态。"中国式现代化的历史性展开使中国成为世界百年未有之大变局中最为重要的积极变量，使中国的发展有力回应了人类社会面临的一系列重大问题，打破了"现代化＝西方化"的迷思，为广大发展中国家独立自主迈向现代化提供了全新选择，开辟了人类现代文明的新境界。

四、中国式现代化境界的不断跃升

为民族谋复兴、为世界谋大同、为人类谋进步既是对中国共产党初心使命、理想信念的精辟概括，亦是中国式现代化崇高境界的具象表征。中国式现代化不只在于获取一时的发展利益，其着眼点在于实现中华民族伟大复兴。与此同时，中国式现代化并不以牺牲别国利益来换取自身发展，而是在充分汲取世界各国现代化积极成果的基础上谋求共同发展。在此种意义上，中国式现代化已经超越了现代化本身，成功开创出一种社会主义现代化的文明新形态。

（一）谋求中华民族伟大复兴的现代化

中国的现代化问题最初是在资本主义现代性入侵的背景下被迫提出的，正因如此，中国的现代化一开始就肩负起一项特殊的历史使命——通过现代化实现中华民族伟大复兴。而中华民族伟大复兴在近代以来"亡国灭种"的生存性危机下内在地蕴含着追求现代化的价值导向。中国共产党的诞生使现代化与民族复兴的关联互动成为影响中国社会变迁发展的重要变量，一方面，现代化是实现民族复兴的手段；另一方面，实现民族复兴内在要求中国社会实现从传统到现代的转型。一定意义上，"在中国共产党的理论建构中，民族复兴的主要目标就是实现社会主义现代化"，中国共产党稳步推进现代化实践的过程，同时是中华民族伟大复兴不断由理论蓝图趋向现实图景的过程。

进入新时代以来，以习近平同志为主要代表的中国共产党人将社会主义现代化建设推进到新的历史高度，在高度发达的现代化物质文明基础上，开启推进精神富裕和国家治理、国家安全等层面的现代化发展新方向，中华民族伟大复兴进入不可逆转的历史进程。党的十九届六中全会通过的《中共中央关于党的百年奋斗重大成就和历史经验的决议》明确提出"以中国式现代化推进中华民族伟大复兴"，深刻阐释了中国式现代化与民族复兴的辩证关系：推进中国式现代化的最终目的，是为了从根本上解决近代以来长久困扰中国人的民族复兴问题；实现中华民族伟大复兴，必须通过奋力推进中国式现代化这一科学路径。党的二十大报告在此基础上提出"以中国式现代化全面推进中华民族伟大复兴"，"全面推进"意味着中国式现代化从整体性的高度全方位把握实现中华民族伟大复兴，即绝不将民族复兴定义为单一的物质财富增长或军事实力增强，而是注重经济、政治、文化、社会、生态文明等多维度的全面发展。

（二）实现世界各国共同发展的现代化

历史向世界历史的深刻转变塑造了一个普遍联系的整体世界，各国家和民族命运的休戚相关使人类社会日益成为你中有我、我中有你的命运共同体。中国式现代化顺应时代潮流，坚定站在历史正确的一边、站在人类文明进步的一边，高举和平、发展、合作、共赢旗帜，在实现自身发展的同时不断为世界各国的进步创造条件。

一方面，中国式现代化为世界上其他国家走向现代化提供了新的路径选择。人类现代文明肇始于西方资本主义社会，这不可否认，资本主义现代化在实践探索和理论建构方面长期走在世界前列。很长一段时间以来，"现代化"被视为"西方化"的代名词，资本主义现代化模式也被普遍认为是人类走向现代化的唯一途径。一些发展中国家在融入世界现代化浪潮的过程中盲目复制和照搬西方现代化模式，结果非但没有达到预期效果，反而付出了巨大代价。有鉴于此，中国共产党坚持一切从中国的具体实际出发，成功开辟出一条既契合世界现代化普遍规律，又保有中华民族特色的现代化道路。中国式现代化不仅有效地规避了西方现代化道路的内在困境和负面影响，还打破了"现代化等同于西方化"的思维定式，拓展了发展中国家走向现代化的途径，给世界上那些既希望加快发展又希望保持自身独立性的国家和民族提供了全新选择。

另一方面，中国式现代化坚持走和平发展道路，致力于推动构建人类命运共同体。回顾世界现代化的壮阔历史，一些老牌资本主义国家的现代化历程对内伴随着对无产阶级的残酷剥削，对外则伴随着对广大落后国家的暴力掠夺和奴役压榨。正如马克思所言："资本来到世间，从头到脚，每个毛孔都滴着血和肮脏的东西。"中国式现代化将实现自身发展建立在推动人类文明进步的基础上，积极主动承担起大国的责任和义务，以构建人类命运共同体的理论和实践为开创人类社会的美好未来作出了巨大贡献。

第 三 章

同声相应

——中国式现代化具有各国现代化的
共同特征

中国式现代化是世界现代化谱系的重要分支，不仅没有脱离人类文明大道，反而在充分汲取人类文明养分基础上结出丰硕的现代文明之果。党的二十大报告指出："中国式现代化，是中国共产党领导的社会主义现代化，既有各国现代化的共同特征，更有基于自己国情的中国特色。"那么，何谓各国现代化的共同特征？中国式现代化又何以具有各国现代化的共同特征？何为现代化共同特征的中国式叙事？中国式现代化的普遍性意义何在？这是把握"中国式现代化"这一标识性概念不可回避的重大问题。

一、何谓各国现代化的共同特征

现代化是"以铁的必然性发生作用并且正在实现的趋势"，是人类历史进程的必经阶段，现代化正是因其具有一般性规律、普遍性特征才得以存在并成为一种趋势，但一般不等于抽象、普遍不等于同质。现代化共同特征是现代文明样态的基本呈现，是对已有现代文明的概括，是后来者明确历史方位、确定发展目标，以及"缩短和减轻分娩的痛苦"的重要参考，而非输出或照搬现代化模式的依据。

（一）点上启动：现代化以工业化为着力点

世界历史进程中，无论是肇始于西方的现代化还是在其全球扩张中催生的现代化，无一例外，都以工业化为先导。各国在启动现代化之时也都将工业化作为改变国家面貌和国际地位的战略性任务。这一普遍性现象绝非历史的偶然，而是现代化规律使然。

现代化是一个关涉生产力和生产关系、经济基础和上层建筑的整体性社会变迁过程，但这种变迁不可能齐头并进，而要从点上突破。"物质生活的生产方式制约着整个社会生活、政治生活和精神生活的过程。"生产力是人类利用自然、改造自然的能力，反映着人与自然之间的物质变换水平，是社会变迁的动力，是现代化的根本依托。机器大生产从根本上变革了人与自然之间的物质变换关系。"因此，现代工业的技术基础是革命的，而所有以往的生产方式的技术基础本质上是保守的。"农业社会中，个体在自然力这一未被认识的"必然王国"支配下，在封闭孤立的环境中依靠自然分工只能获取维持生存的有限产品。机器大生产使人类摆脱了自然力的绝对支配，使人的本质力量得以确证，使蕴藏在社会劳动中的生产力得到前所未有的发掘，"产生了以往人类历史上任何一个时代都不能想象的工业和科学的力量"。在以生产力为载体的文明演进过程中，现代化景象在机器大生产中"从容不迫地自然而然地"呈现出来。英国凭借工业革命"站到现代资产阶级发展的最前列"，西欧、北美国家抓住工业革命浪潮奏响了现代文明发展先声。据统计，从18世纪中叶工业革命以来的两个多世纪中，全世界工业生产量增加约 430 倍，人口增长约 6 倍，人均国民生产总值增长约 10 倍。以机器大生产为表征的工业化成为现代化的驱动力在于它包含着创造物质文明的巨大潜力，没有坚实的物质基础，现代文明便无从谈起。工业革命拉开了人类现代变革的帷幕，并在历次工业革命中将现代化推向新高度，工业化由此成为现代化的着力点、重要衡量尺度。但现代化不等于工业化，现代文明也不局限于物质文明。现代化的发展在于使摆脱"人的依赖关系"的独立个体进一步摆脱对"物的依赖性"，即创造高度发达的物质文明，使人从物质奴役中解放出来，为人的自由全面发展提供有利条件。以工业化为牵引旨在不断厚植现

知言明理

工业革命

工业革命是以机器大生产为主体的工厂制度代替以手工业技术为基础的手工工场的革命，也称为产业革命。18 世纪 60 年代，工业革命首先在英国发起，资本主义生产开始由工场手工业向机器大工业转变。工业革命的标志是纺纱机及蒸汽机的发明、完善和推广应用，机器制造业的形成和发展则标志着工业革命的完成。英国率先完成工业革命，成为当时世界上最先进的资本主义工业国家。此后，法国、美国、德国、俄国先后进行了工业革命。工业革命的胜利带来了社会生产力的巨大发展，极大地提高了劳动生产率，促进了物质财富的空前增长。随着工业革命的完成，建立在机器大工业基础上的资本主义，成为占统治地位的生产方式。

代化的物质基础，不断夯实人民幸福生活的物质条件。工业化始终是中国现代化建设的着力点。中国步入现代化正轨后将重工业作为战略重点，将工业化置于"四个现代化"首位，进入"强国时代"后又将它提升为"新型工业化"，推进工业化和信息化联动发展。

（二）线上延展：现代化由低到高逐级提升

以工业化为牵引的现代化建基于生产力之上，它的展开是一个由低级到高级梯次推进的自然历史过程，不能人为地越过某一阶段。但这不是机械地线性延伸过程，而是在物质技术积累中加速展开。

其一，现代化是一个由低级到高级的攀升过程。从传统社会向现代社会的变迁是一个长期的历史过程，各国因现代化的起步与发展步伐参差不齐而处于世界现代化坐标轴的不同位置，这种发展的差异性恰恰表明现代化进程的不可逾越性。现代化在科技革命和产业变革浪潮中逐级提升，从机器大生产时代进入"'人机物'三元融合的万物智能互联时代"。在这一过程中，生产工具变革突飞猛进，从机械化升级为自动化；劳动对象日益扩大，从自然界延伸到新的发明创造中；劳动者专业化程度不断提升；发展方式逐步优化，由粗放式发展转向高质量发展。现代化的后来者在启动现代化之时，多种技术形态的文明并存，拥有独特的后发优势，但这一优势只是意味着在吸收借鉴的基础上缩短前期发展过程，而不代表可以越过前期积累阶段。其二，现代化随着科学技术和经济社会发展的深度渗透融合而加速推进。工业革命改变了传统社会几近匀速的发展状态，成为现代化的"加速器"。现代化在其发展初期经历了漫长的积累过程，但随着工业革命蓬勃发展，科学和技术深度融合，从蒸汽时代进入电气时代再到信息时代的时间跨度渐次缩短。第三次科技革命后，这一趋势更是明显，科技精细化程度逐步提高，更新周期明显缩短，邓小平指出："世界上先进技术发展很快，发展速度不是用年来计算，而是用月、用日来计算的，叫作'日新月异'。"历史条件的限制决定现代化的后来者不可能逾越发展阶段而与时代同步伐，但在现代化由低级到高级的演进因科技赋能而呈现加速发展态势的时代，现代化后来者又不可能重复早期漫长的自然演进过程。应对历时性任务共时性呈现的挑战，实现后来居上的可行途径是叠加发展、协调推进，否则只能亦步亦趋甚至被边缘化。面对巨大的发展差距，中国顺应现代化发展规律、循序渐进，在阶段性目标链接中建立起现代化所需的坚实基础。同时，借助世界现代化的先进成果同步推进"四个现代化"，抓住新一轮科技革命机遇，促进信息化和工业化良性互促，顺利推进现代化转型升级。

（三）面上推进：现代化在各领域传导辐射

现代化作为一种整体性社会变迁，是纵向推进和横向拓展相交织的过程。横向拓展即是由点及面传导辐射的过程。现代化各要素环环相扣，横向的多维度协调发展是现代化安全、高效、持续推进的保障。

工业化的深入展开、经济的持续增长需要各领域发生适应性变化。工业化意味着市场化。马克思指出："古代的（以及封建的）状态随着商业、奢侈、货币、交换价值的发展而没落下去，现代社会则随着这些东西同步发展起来。"工业化意味着突破自给自足的小农生产，为满足他人需要而生产。在生产者和消费者相分离的社会化大生产中，市场成为生产活动的重要依托，生产者依据供求关系进行生产，按照等价交换原则实现生产目的。科学技术是工业化"有力的杠杆"。科学革命是工业革命的先决条件，蒸汽机和新的工具使"工场手工业时代的迟缓的发展进程转变成了生产中的真正的狂飙时期"。现代化在相当大程度上取决于科技进步及其在生产中的应用。全球化是社会化大生产的伴生物。生产规模的扩大要求冲破国界限制，开拓世界市场。"不断扩大产品销路的需要，驱使资产阶级奔走于全球各地。它必须到处落户，到处开发，到处建立联系。"民主化和法治化是现代化大生产的双重保障。人作为价值创造者是生产力中最活跃的因素，民主化意味着对个体价值和利益的肯定，能够激发个体参与现代化建设的积极主动性。现代化需要活力和动能，也需要秩序和稳定，二者的平衡有赖于法治化的推进。城市化是现代化的重要标志。生产的集中促使人口大量涌入城市，进而带来生活的集中和服务的规模化。城市化与现代化进程相适应才能良性发展。绿色化是现代化的安全屏障。"生态文明是人类文明发展的历史趋势。"现代化发展需充分考量资源、环境承载力，考量"较近"和"较远"结果，否则自然界会以完全不同的、出乎意料的方式消解现代化成果。现代化在各领域的传导辐射要求推进国家治理现代化。传导是一个自发过程，存在畸重畸轻、动力不足的倾向，其正面效应的发挥有赖于合理的制度安排和有效的治理。人的现代化是贯穿现代化各领域的逻辑主线。人是历史的主体，现代化应服务于人的自由全面发展。没有人的现代化，现代化必然会受阻。现代化变迁是一个牵一发而动全身的过程，单兵突进会消解发展成果、制约发展进程，世界现代化进程中不乏此类教训。苏联否定市场规律，导致供求严重失衡，最终使社会主义现代化严重受挫；"文化大革命"时期，民主法治遭到严重破坏，现代化因此受阻；拉美国家过度城市化，因与现代化脱节而阻碍现代化进程；诸多发达国家在现代化进程中因忽视生态环境而遭遇自然报复，从 20 世纪 30 年代开始，一些西方国家相继发生环境公害事件，损失巨大，震惊世界；不少发展中国家因国家治理体系和治理能力滞后于经济社会发展而陷入发展困境。现代化各领域相互交织，深入拓展要求织点成面、全面发力、统筹协调。

二、何以具有各国现代化的共同特征

中国式现代化是在坚持和发展中国特色社会主义中开创出来的，但这并不意味着它脱离了人类文明大道。从历史和现实、理论和实践相结合的视角审视其生发逻辑，可以发现中国式现代化内在地具备世界现代化的共同特征。

（一）发生场域：中国式现代化在世界历史场域中展开

在历史转变为世界历史的进程中，发端于西欧的现代化成为各国的普遍性命运。中国不无例外地卷入世界历史洪流，拉开现代化帷幕，并在从世界走向中国到中国走向世界的历史性转变中成功开创中国式现代化。

世界历史这一空间场域并不是外在于各国的客观存在，而是内嵌于各国发展逻辑中，中国式现代化正是在中国同世界的互动中形成的。中国的现代化发轫于世界走向中国的进程，先天地具有现代化的共同特征。西方凭借工业革命创造出异于传统的全新文明图景，在历史天平上占据绝对性优势，进而"把一切民族甚至最野蛮的民族都卷到文明中来"，建立起东方从属于西方的世界格局。这消解了中国内生出现代化的可能性，但也建立起中国和世界的联系，使中国不可能孤立于现代文明圈之外。面对东西文明势位差，中国先进分子认识到"要救国，只有维新，要维新，只有学外国。那时的外国只有西方资本主义国家是进步的，它们成功地建设了资产阶级的现代国家"。在渐次引入物质文明、制度文明、现代价值理念的过程中逐步深化对现代化的认识。因而中国并非"另起炉灶"，而是在对接世界现代文明中探寻通向现代化的可行道路。中国式现代化生成于中国走向世界的进程，是立足中国、观照世界的现代化方案。中国共产党成立后，正确处理中国与世界的关系，适应世界无产阶级革命形势，通过新民主主义革命创造了现代化所需的根本社会条件；在"东风压倒西风"的形势下，在两条道路对比中选择了社会主义现代化道路；在世界现代化快速发展的时代，解放思想、破除教条，推进改革开放，大胆学习借鉴世界先进文明成果，为现代化建设提供了充满活力的体制保障；

新时代，自觉在世界百年未有之大变局中推进、拓展中国式现代化，在回答中国之问时积极回应世界之问。中国式现代化的生发始终未离开世界历史，而且使中国从世界边缘走近世界舞台中央。具有普遍性的事物才能展现出强大生命力，从面临开除"球籍"的风险到在全球事务中发挥重要作用，事实无可争辩地证明中国式现代化具有现代化的共同特征。

（二）指导思想：中国式现代化以马克思主义为指导

理论是实践的先导，理论本身的普遍性使得理论的实践转化形态相应地具有普遍性。马克思主义诞生于 19 世纪的西欧，但它不是局限于一时一事、一国一域的理论，而是在继承人类优秀文明成果、批判资本主义现代社会基础上科学回答了人类社会向何处去的时代课题，是穿越时空的普遍性真理。作为马克思主义的实践形态，具有现代化共同特征是中国式现代化的题中应有之义。

首先，马克思主义继承了人类优秀文明成果，以此为指导的中国式现代化具备世界性的文明底蕴。马克思主义在思想史上的变革并不在于对以往学说的否弃，而是在剖析中予以扬弃。列宁指出，马克思主义"绝不是离开世界文明发展大道而产生的一种故步自封、僵化不变的学说。恰恰相反，马克思的全部天才正是在于他回答了人类先进思想已经提出的种种问题。他的学说的产生正是哲学、政治经济学和社会主义极伟大的代表人物的学说的直接继续"。因此，中国式现代化必然包含人类文明的合理内核，具备现代化的共性。其次，马克思主义包含科学的世界观和方法论，以此为指导的中国式现代化是沿着人类文明大道展开的。马克思在继承人类文明"合理内核"基础上创立的辩证唯物主义和历史唯物主义，是中国式现代化得以开创的方法论指南。"生产力和生产关系、经济基础和上层建筑相互作用、相互制约，支配着整个社会发展进程"，这一矛盾运动规律是中国式现代化理论和实践创新的根本依循；马克思主义指明历史条件的多样性决定发展道路的多样性，中国式现代化正是在明确现代化共同指向基础上，依据中国实际形成的现代化范式。最后，马克思主义是对资本主义现代文明的扬弃，以此为指导的中国式现代化包含对人类现代文明成果的积极占有。在人类社会发展的历史链条中，资本主义因冲破封建束缚而历史性地推动人类文明进步，但资本逻辑本身成为发展的最大限制。马克思主义对其"文明面"予以充分肯定，并指认这是进入更高阶段的基础，也对其矛盾积弊予以无情揭露，"共产主义是对私有财产即人的自我异化的积极的扬弃"。中国式现代化遵循了马克思主义所揭示的文明发展逻辑，因而内在地具有现代化的共同特征。

（三）实践理路：中国式现代化在借鉴反思中拓展

中国式现代化在其实践展开中表现出极大的开放性和包容性。迄今为止的现代化实践，从社会形态区分，有资本主义现代化和社会主义现代化；从发展水平区分，有发达国家的现代化和发展中国家的现代化。中国式现代化的顺利推进和拓展离不开对世界现代化经验教训的镜鉴，这一实践理路使中国式现代化具备现代化的共同特征。

中国式现代化吸收了资本主义先进文明成果。资本主义因首先冲破封建外壳，建立起有利于生产力发展的新生产方式，而抢占现代文明高地，塑造出现代文明原初面貌，并在经济、科技、军事、教育、管理等方面处于优势地位。中国作为现代化后发国家，超越意识形态对立，在后发赶超中自觉以世界先进文明成果为参照借鉴。尤其是改革开放以来，中国正视与世界的差距，对标世界先进水平，积极引进现代文明共性要素，在引进吸收再创新的基础上迅速赶上时代。

中国式现代化吸取了苏联社会主义现代化建设的经验教训。苏联开启了异于资本主义的社会主义现代化先河，并在短时间内成为世界强国，这一事实表明，在压缩的时空中经济文化落后的国家不能完全依靠经济因素自发推动现代化，国家力量这一非经济因素有着特殊重要作用。苏联的解体表明，要遵循价值规律，正确处理计划与市场关系，发挥两种优势；要正确处理重工业、农业和轻工业关系，建立独立完整的国民经济体系。以苏为鉴，中国式现代化更加契合现代化一般规律。中国式现代化包含对发展中国家现代化实践的反思。广大发展中国家致力于现代化发展，成为现代化的"实验室"。照搬西方模式的现代化实践因忽略历史和现实条件而陷入困境；依附于发达国家的现代化因失去自主性而深受牵制；与世界脱钩的现代化实践因资源、动力不足而与时代脱节。中国式现代化是在深入反思发展中国家步履维艰的现代化实践中获得的规律性认识。中国式现代化的生发逻辑使"民族的片面性和局限性"成为不可能，具备共性成为必然。

三、何为现代化共同特征的中国式叙事

现代化作为人类共同的事业，具有普遍性特征，但这种普遍性不是抽象的普遍，不是可以直接套用的抽象公式，而是具体的普遍，包含特殊的普遍，需通过民族形式得以实现。照搬没有出路，模仿容易迷失。"如何赶上时代、加快实现现代化？我们党一开始就保持着清醒的头脑，并没有像一些发展中国家那样亦步亦趋地跟在西方国家后面简单模仿，而是强调从中国实际出发，走自己的现代化道路。"中国式现代化作为世界现代化的重要一支，正在以其鲜活生动的实践谱写人类现代文明。

（一）理性化的中国式叙事是人的现代化

理性意味着人能够作为独立的主体进行自由和自觉的实践活动，意味着人的自我解放、自我实现。理性是工具理性和价值理性的辩证统一，即人不仅是价值创造者，也是价值享有者；不仅要创造物质文明，也要创造精神文明。中国式现代化的根本价值旨归是人的自由全面发展。习近平总书记指出"现代化的本质是人的现代化"，并强调"只有坚持以人民为中心的发展思想，坚持发展为了人民、发展依靠人民、发展成果由人民共享，才会有正确的发展观、现代化观"。这一现代化观是理性的中国式诠释，明确了在为什么发展、怎么发展问题上的根本立场。物质富足、精神富有是人的现代化的基本向度。中国式现代化坚持物质文明和精神文明协调发展，在夯实人民幸福生活物质基础的同时，通过多样的文化活动、思想精深的文艺作品丰富人民精神世界，增强人民精神力量，谨防物质主义极度膨胀造成人的单向度发展。随着社会主要矛盾的转变，中国式现代化通过提升发展质量和效益，为人的现代化发展创造有利条件。

（二）市场化的中国式叙事是社会主义市场经济

现代生产力的发展以要素自由流通、资源有效配置为前提。"理论和实践都证明，市场配置资源是最有效率的形式。"市场经济作为资源配置方式本身不具有制度属性，与不同社会制度相结合会产生不同效应。社会主义市场经济具有市场经济和社会主义制度的双重优势，通过调节政府与市场关系更好地配置和利用资源。市场这只"看不见的手"借助价格机制、供求关系能够激发活力和提高效率，形成现代化建设的内生动力。但市场自发调节因资本逐利本性而带有内在不可克服的局限，难以兼顾眼前利益和长远利益、实施重大工程、应对风险挑战，需要政府这只"看得见的手"进行宏观调控。中国式现代化依靠"有效市场"和"有为政府"的结合，统筹发展和安全、活力和秩序，创造了"两大奇迹"。在新冠疫情防控中通过集中调配资源保障物资供给，克服市场乱象，有效防止了风险演化升级；在脱贫攻坚中统筹政府和市场优势，"输血""造血"双向发力，历史性地解决了绝对贫困问题。实践证明，社会主义市场经济能够克服阻滞发展的超预期、不确定、不稳定因素，保障现代化行稳致远。

（三）工业化的中国式叙事是新型工业化

工业化是现代化的物质技术基础，是社会现代变迁的核心驱动力，也是现代化水平的重要标识。传统工业化道路不仅因其高耗能高污染难以持续，而且缓慢的"串联式"发展难以适应激烈的竞争环境。面对资源环境压力带来的挑战，中国注重提高科技和生产力的融合度，走出了一条新型工业化道路，以"并联式"叠加发展模式将后发劣势转变为后发优势。一方面，以信息化带动工业化。通过科技赋能提升发展效益，加快产业结构转型升级步伐。另一方面，改粗放式

延 伸 阅 读

"并联式"叠加发展使中国的现代化提速升级。"互联网+""智能+"使经济活动更加灵活、智慧，不断催生出新业态、新模式，深刻改变了人们的生活、工作、学习和思维方式。从无人驾驶到智慧交通，从直播带货到智慧物流，从5G通信到数字货币，从网络扶贫到数字乡村，数字经济加速发展，为经济发展打开新的空间，为产业转型升级提供新的动力。各种智能终端、可穿戴设备不断推陈出新，远程办公、远程教育、远程医疗、无人酒店、无人超市、无人餐厅等飞速发展，推动经济社会全方位数字化转型。

◎ 图为观众体验 5G 应用设备

发展为高质量发展。习近平总书记强调："我们建设现代化国家，走美欧老路是走不通的，再有几个地球也不够中国人消耗。"转变发展方式不仅在于守好发展的安全底线，而且要在"绿水青山"中创造"金山银山"，使物质文明和生态文明相得益彰。智能化绿色化转型是现代工业发展的必由之路，中国式现代化是应时代之需的现代化。

（四）民主化的中国式叙事是全过程人民民主

"民主是全人类的共同价值"，但它不是抽象的存在，民主的实践样态因历史传统、国情差异而多样化。全过程人民民主是民主价值和理念的具体实践转化，是能够保障人民权益、提高国家治理效能的最广泛、最真实、最管用的民主。"人民民主"是全过程人民民主的本质性规定，"人民民主是社会主义的生命，是全面建设社会主义现代化国家的应有之义"。"全过程"是全过程人民民主的程序性规定，通过构建从中央到地方有效衔接的制度体系，保障了人民民主运行上的协同性。全链条的民主选举、协商、决策、管理、监督保障了人民民主时间上的连续性；全方位参与管理国家事务、经济和文化事业、社会事务，保障了人民民主内容上的整体性；全覆盖保障了人民民主的广泛性。全过程人民民主实现了程序民主和实质民主相统一，克服了民主假象、乱象，打造出实现善治的民主生态。从"小院议事厅"到"板凳民主"，从线下"圆桌会"到线上"议事群"，这些接地气、聚人气的民主实践使社会主义民主政治制度优势转化为治理效能。

（五）城市化的中国式叙事是新型城镇化

城市化是现代化的重要标识、现代文明的重要载体。在农业大国的现代化建设中，城市化水平是感知现代化发展程度的直接窗口。根据国家统计局数据，1949 年启动现代化时中国的城市化水平仅为 10.64%，到 1978 年为 17.92%，到 2021 年攀升至 64.72%，这一转变是经由新型城镇化实现的。人口规模巨大决定了中国不能通过简单增加城市人口、扩大城市规模来"造城"，而要打破城乡二元结构，推动城镇协调发展。即以城市群、都市圈为依托进行空间布局，提升城镇规划、建设和治理水平，完善基础设施，打造以人为核心，宜居、韧性、智慧的城镇。城镇化极大地规避了"城市病"，适应了国家治理现代化的需要；也为不同群体提供了发展机会，能够满足人民群众多层次、多样化需要，有利于人的现代化发展。

（六）绿色化的中国式叙事是人与自然和谐共生

人与自然是生命共同体，"自然界，就它自身不是人的身体而言，是人的无机的身体"。工业革命使人类改造、利用这一"无机身体"的能力不断提升，但过度开发产生了"排异"反应。守住现代化发展的安全底线，首先要守住自然生态的边界和底线，"要解决好工业文明带来的矛盾，把人类活动限制在生态环境能够承受的限度内"。中国式现代化是从人与自然和谐共生的高度谋划发展的现代化方案，在"五位一体"总体布局、基本方略、新发展理念、三大攻坚战、社会主义现代化强国目标中，生态文明建设、绿色发展被摆在突出位置。中国特色社会主义进入新时代，系统推进山水林田湖草沙治理，绿色版图不断扩大。根据美国航天局卫星数据，2000—2017 年，全球新增绿化面积中约 1/4 来自中国。经济和生态文明并行不悖，"良好生态环境既是自然财富，也是经济财富，关系经济社会发展潜力和后劲"。中国顺应现代文明发展趋势，以良好生态环境为生长点，开发出"生态文明 + 脱贫""生态文明 + 旅游""生态文明 + 农业"等模式，将生态文明优势转化为发展优势，在人与自然和谐共生中推进现代化。

中国式现代化是在反思借鉴中形成的关于现代化的规律性认识，是以民族形式求解世界问题的方案。中国式现代化没有偏离现代文明轨道，并且在量化指标和质性标识上具有世界现代化的共性特征，使中国站在了人类文明发展前沿，创造了人类文明新形态。

◎践行绿水青山就是金山银山理念，深入推进蓝天、碧水、净土三大保卫战，生态环境质量得到持续改善。图为蓝天绿水青山环抱的壮美大地

四、中国式现代化的普遍性意义何在

从现代化的展开和现代文明图景的呈现来看，中国式现代化遵循了世界现代化的一般规律，具备世界现代化的共同特征，在回应中国之问时积极观照世界之问和时代之问。这一具有普遍性的实践必然展现出超越国界的普遍性意义，为人类现代文明的发展提供新选择、新思路。

（一）给出了现代文明发展的新选择

现代化是人类社会发展确定不移的趋势，对于广大发展中国家而言，现代化发展方兴未艾。在现代化共同特征掩盖下，西方企图凭借发展优势将自身模式普世化，如何正确处理普遍性与特殊性关系、如何平衡发展和独立是广大发展中国家面临的普遍性难题。中国式现代化冲破了西方现代化的理论教条和逻辑束缚，昭示了走不同于西方现代化道路的历史必然性和现实可能性，提供了现代文明发展的全新选择。

中国式现代化打破了对西方现代化的迷思，开创了经济文化落后国家现代化发展的全新范本，为广大发展中国家提供了有益镜鉴。西方资产阶级借助现代生产方式开启并主导世界历史。"它迫使它们在自己那里推行所谓的文明，即变成资产者。一句话，它按照自己的面貌为自己创造出一个世界。"在现代化接续展开的地域空间内西方现代化模式长期被奉为圭臬。第二次世界大战后，大批民族国家摆脱旧的殖民统治，获得独立和解放，开启现代化进程。在国际经济政治秩序新旧更替背景下，广大发展中国家自觉不自觉地参照或照搬西方现代化模式，将其视为万能药方，但现代文明不仅未能呈现出预期的完美样态，反而副作用不断，甚至出现"现代化衰败"现象。相反，中国坚持走自己的路，依循实际、对症下药，以中国式现代化根本扭转了近代以来的发展态势，并深刻影响着世界现代文明的发展。中国式现代化打破了西方的"路径锁定"、后发者的"路径依赖"，有力证明了现代文明不等于西方文明、也不会终结于资本主义文明，破除了"西方中心论"，证明了现代化模式的多样性，以及后发国家独立自主实现现代化的可能性。"中国式现代化为广大发展中国家独立自主迈向现代化树立了典范，为其提供了全新选择。"相较于西方发达国家的早发内生型现代化，中国的后发外生型现代化更具有借鉴意义。中国同广大发展中国家在发展目标上具有一致性，即摆脱不发达状态，与时代同步，追赶世界先进水平；在发展问题上有相似性，即如何在保持独立中加快发展；所面临的机遇和挑战较为接近，即在高度压缩的时空中启动现代化，具有明显的后发优势和后发劣势。在现代化加速演进的时代，要将现代生产力的发展置于优先级；在激烈的国际竞争中，要保持战略定力，将国家发展建立在自身力量基点上；在有限的空间中谋求发展，需协调互促，以后发优势化解后发劣势，变挑战为机遇。中国式减贫模式、生态文明发展思路等为广大发展中国家提供了可资借鉴的方案。

（二）提供了破解现代化难题的新思路

西方最先启动现代化，并在长期发展中处于前沿、占据优势地位，掌握现代文明发展的话语权，但至今仍面临诸多难题，其中不少问题是根源于资本主义制度的内生性矛盾。"中国式现代化蕴含的独特世界观、价值观、历史观、文明观、民主观、生态观等及其伟大实践，是对西方式现代化理论和实践的重大超越"，"是对世界现代化理论和实践的重大创新"。

中国式现代化正确处理现代化发展中的多重关系，破解了所谓的现代化悖论，在人类文明发展中起到纠偏作用。在人与物的关系上，资本主义现代化因资本逻辑的全面宰制，资本和劳动者的关系被颠倒，资本成为目的，"活劳动"的价值仅仅在于增殖已经积累起来的劳动，人的发展需要被资本增殖需要取代。中国式现代化重置发展逻辑，整合工具理性和价值理性，使人成为真正的历史主体。在人与人的关系上，资本主义现代化进程中同资本积累相适应的是贫困积累，"在一极是财富的积累，同时在另一极……是贫困、劳动折磨、受奴役、无知、粗野和道德堕落的积累"。中国式现代化通过根本性的制度安排驾驭资本，规避极化现象，在提升富裕程度的同时稳步推进共同富裕，使全体人民共享发展成果。就人的发展而言，资本主义现代化导致物质主义极度膨胀，造成人的单向度发展。"人，本质上就是文化的人，而不是'物化'的人；是能动的、全面的人，而不是僵化的、'单向度'的人。"中国式现代化推进物质文明和精神文明协调发展，在夯实物质基础时促进人的全面发展。在人与自然关系上，资本主义现代化在主客对立基础上改造利用自然，虽然提升了人的独立性，但也带来了不可逆的生态文明创伤。"自然界有抵抗力，这是一条科学。"中国式现代化摒弃人类中心主义，坚持人与自然和谐相处，将生态文明纳入现代文明，增强发展的安全性和可持续性。在国与国关系上，资本主义现代化奉行弱肉强食丛林法则，始终伴随着对外掠夺扩张，通过攫取他国利益实现自身发展，由此造成国际关系的紧张局面。中国式现代化坚持和平发展，充分践行合作共赢理念，与世界共享发展机遇、发展思路，推动构建人类命运共同体。这些矛盾是人类现代化进程中具有普遍性的发展难题，中国式现代化将正面成果和负面效应的利害冲突降到最低，对各国走出现代化困境、破解文明悖论作出了重大贡献。

（三）开辟了社会主义现代化的新前景

社会主义作为现代文明发展中一种具有超越性的制度选择，经历了曲折发展。由社会主义定向的中国式现代化不仅关联国家、民族发展，也关联社会主义发展。从时代背景来看"生长着的共产主义"同"衰亡着的资本主义"正在进行深度较量，中国式现代化使这一较量发生了有利于前者的转变，开辟了社会主义现代化发展的广阔前景。

中国式现代化以铁的事实回击了"历史终结论"，确证了社会主义道路的正确性，并在理论和实践创新中赋予科学社会主义新的生机活力。历史发展从来不是笔直的，社会主义的展开也是非线性的。对于跨越"卡夫丁峡谷"的落后国家如何建设社会主义现代化，苏联及东欧国家进行了有益探索，但在发展中因背离现代化共性要求而中断。中国共产党人高举旗帜，破除教条，以马克思主义的科学世界观和方法论为指导，成功捍卫了科学社会主义，并开创出中国式现代化。中国式现代化在实践中展现出世界现代化的共性特征，充分践行了科学社会主义基本原则，从实践层面证明资本主义不是后发国家通向现代化的必由之路，现代文明也不会终结于资本主义建制。在资本主义主导的现代世界体系中，具有世界现代化共同特征的中国式现代化以自己的文明逻辑破解发展悖论，革新了人类文明形态，开辟出社会主义发展新空间。经济领域，中国式现代化充分发挥计划和市场在资源配置中的积极作用，通过合理的制度安排驾驭资本，充分激活资

知言明理

跨越"卡夫丁峡谷"

　　"卡夫丁峡谷"典故出自罗马史，公元前321年罗马军队在意大利中部山区卡夫丁峡谷遭到萨姆尼特人伏击而投降。大获全胜的萨姆尼特人命令战败了的罗马军人从两杆矛枪架起的形似城门的牛轭下通过，被迫接受战败的耻辱，以示自己的胜利和对方的失败。此后，人们就以此比喻灾难的历史经历。

　　马克思晚年在研究俄国社会发展道路时，认为俄国在特定历史条件下，可以超越资本主义生产关系，免遭资本主义社会的剥削压迫，在吸收资本主义创造的积极成果的基础上，直接进入人人自由平等的社会主义社会。马克思将这一发展过程称为跨越"卡夫丁峡谷"。

本"文明面"；政治领域，中国式现代化探索出全方位全链条的民主实现形式，丰富了社会主义民主政治；文化领域，中国式现代化始终坚持指导思想的一元性，并在时代发展中开创出21世纪马克思主义，同时也推动中华优秀传统文化实现现代转型。中国式现代化在充分考虑生态环境承载力的同时挖掘良好生态文明资源的价值，在保护中寻求发展；中国式现代化不仅在于强国复兴，还在于推动构建人类命运共同体。中国式现代化是"科学社会主义的最新重大成果"，已初步呈现出社会主义优越性，在充满不确定难预料因素的环境下，中国式现代化的逆势崛起将提升社会主义的感召力和塑造力。"当我国建成社会主义现代化强国、成为世界上第一个不是走资本主义道路而是走社会主义道路成功建成现代化强国时，我们党领导人民在中国进行的伟大社会革命将更加充分地展示出其历史意义。"

　　中国式现代化证明了现代化模式、道路的多样性，但这并不否定现代化追求的一致性。中国式现代化始终未离开世界历史场域，未背离人类社会发展规律，未否弃他者文明成果，具有各国现代化的共同特征，是具有普遍性意义的特殊存在。

第四章

奋斗底色

——中国式现代化基于自己国情的
中国特色

"一个国家走向现代化，既要遵循现代化一般规律，更要符合本国实际，具有本国特色。"现代化是一个世界性历史进程，但它不是游离于各国具体实践的先验存在，而是在具体实现形态中呈现出鲜明的民族特色。中国式现代化的独特生发逻辑彰显出鲜明"中国特色"，这一特色展现着中国式现代化的内涵意蕴，也建构起具有普遍性和优越性的现代文明。

一、中国式现代化中国特色的生成理路

中国式现代化被冠以"中国式"的关键在于"中国特色"，能够走得通、行得稳离不开"中国特色"，能够超越既有现代化理论和实践也在于"中国特色"。在沉陷资本主义现代化重重包围的境况下，中国式现代化能够展现出"中国特色"在于方法论层面的自觉、对独特时空境遇的认知及科学理论的指导。

（一）逻辑前提：方法论自觉

"科学的世界观和方法论是我们研究问题、解决问题的'总钥匙'。"在通向现代化的道路选择中，资本主义现代化和苏联社会主义现代化广泛凝结了前人的经验智慧。毛泽东强调："我们要把马、恩、列、斯的方法用到中国来，在中国创造出一些新的东西。"中国的现代化探索由被动转为主动后，中国共产党人坚持以科学的世界观和方法论为指导，摆脱外在逻辑束缚，没有"照着讲"，而是在比较中"对着讲"，在反思批判中"接着讲"，开创出具有中国特色的现代化新范式。

辩证唯物主义和历史唯物主义提供了现代化探索的根本方法指南。马克思主义能够救中国，在于它包含科学的世界观和方法论，更在于中国先进分子自觉将它作为观察国家命运的工具。从1840年鸦片战争到1921年中国共产党成立前的80多年中，为应对西方现代性冲击，中国社会各阶层相继登上历史舞台。各种学说方案轮番试验，但均遭到了失败。现代化探索受挫在于缺乏科学完备的世界观和方法论指导，未能自觉深入解答现代化实践中的普遍性和特殊性问题。马克思主义的物质观、实践观、矛盾观、发展观、群众观等揭示了人类社会发展所需遵循的方法原则，对俄国发展道路的分析则提供了直接的方法论启示。中国共产党以此为指导通过彻底的革命成功启动了现代化。在经历曲折探索后，认识到"一副药方不可能包治百病，一种模式也不可能解决所有国家的问题"，"随时随地都要以当时的历史条件为转移"，自觉以马克思主义的矛盾分析法为指导，破除教条，立足"不发达的社会主义"这一最大实际，以"中国特色"将中国导向现代化正轨。

"六个必须坚持"提供了开创具有"中国特色"的现代化范式的"金钥匙"。"六个必须坚持"是中国共产党人对马克思主义世界观和方法论的自觉运用和创新发展，为解决中国问题提供了"船或桥"。人民至上规定了中国式现代化的根本价值取向。现代化的本质是人的现代化，脱离人的现代化是没有意义的，也是不可能的。自信自立指明了中国式现代化的基本立足点。照搬照抄、亦步亦趋在理论上是机械的，在实践上是行不通的，走自己的路才是历史的通则。守正创新是开创中国式现代化的科学态度。中国式现代化是一个全新的实践探索，"守正才能不迷失方向、不犯颠覆性错误，创新才能把握时代、引领时代"。问题导向明确了中国式现代化的现实着眼点。推进和拓展中国式现代化就是要回应中国之问、世界之问。系统观念提供了推进中国式现代化的科学思维方法。现代化是一个整体性社会变迁过程，系统协调推进才能适应其纵向延伸、横向辐射的发展要求。胸怀天下蕴含着中国式现代化的视野境界。作为世界百年未有之大变局的积极变量，推进和拓展中国式现代化要自觉观照人类面临的共同难题。中国共产党人以科学方法论为指导，正确分析时与势，以兼具共性和个性的中国式现代化将中国推向现代世界舞台中央。

（二）历史依循：独特的时空境遇

现代化有其共性是全球共识，但不意味着各国可以忽视自身历史，经由同质化道路通向现代化。历史、现实、未来是相通的，人们创造自己的历史"并不是在他们自己选定的条件下创造，而是在直接

1. 民惟邦本，本固邦宁。——《尚书·五子之歌》

【释义】人民是国家的根基，根基牢固，国家才能安定。

2. 治国犹如栽树，本根不摇则枝叶茂荣。——《贞观政要·政体第二》

【释义】治理国家就好比种树，只要树木根系牢固不动摇，就能枝繁叶茂。

3. 天以新为运，人以新为生。——《报贝元徵书》

【释义】从"天"到"人"的世间万物，自古以来都以权达变，用创新来适应变化，以创新来引领发展。

4. 不谋万世者，不足谋一时；不谋全局者，不足谋一域。——《瘟言·迁都建藩议》

【释义】不从长远角度思考问题，就难以谋划周全一时之事；不以全局系统考虑问题，就难以筹谋得当局部之事。

5. 立天下之正位，行天下之大道。——《孟子·滕文公下》

【释义】站在天下最正当的位置，走在天下最光明的大道。

碰到的、既定的、从过去承继下来的条件下创造"。"历史就是历史，历史不能任意选择，一个民族的历史是一个民族安身立命的基础。"

民族国家是现代化的空间载体，"独特的文化传统，独特的历史命运，独特的基本国情，注定了我们必然要走适合自己特点的发展道路"。中国式现代化深深植根于中华优秀传统文化的沃土。"现代"

是相对于"传统"而言，但"现代"并非"传统"的对立面。"任何现代社会都不可能是纯粹的现代性社会，而是现代性与传统性兼而有之的社会"。从时间尺度来看，二者是在同一历史坐标上的延续；从价值尺度来看，现代性是对传统性的扬弃和超越，实现现代化不可能也不应该抛弃传统。习近平总书记指出："如果没有中华五千年文明，哪里有什么中国特色？"一方面，中华民族5000多年的文明积淀构成了中国式现代化的鲜明底色，绘就出不同于西方文明地基上的现代文明。另一方面，中华优秀传统文化蕴含着跨越时空的文明观，构成了中国式现代化的文明基因。"天人合一"的生态观、"民惟邦本，本固邦宁"的民生观、"和而不同、美美与共"的天下观等经现代转化成为中国式现代化的独特资源和标识。

中国式现代化来自对历史的深刻总结。中国式现代化不是历史的偶然，也非快速试错性选择，而是深谙历史规律基础上的必然选择。中国式现代化是在总结中国近代180多年斗争史、中国共产党100多年奋斗史、中华人民共和国70多年发展史、改革开放40多年探索史和新时代10年创新突破的经验中开创的。悉数历史经验，中国共产党人认识到，在内无民主、外无独立的境遇中，"排除民族压迫是一切健康和自由的发展的基本条件"；在人类文明进程中，资本主义现代化绝非现代文明的最高形态，而是一个特殊阶段；在"两制并存"条件下，社会主义现代化可以借鉴包括资本主义在内的一切有益经验、先进文明成果，但更为重要的是"无论我们吸收了什么有益的东西，最后都要本土化"，不能将一时一域一国的经验教条化。中国式现代化是深入考量国际和国内环境、历史和现实条件，将补益自身的他山之石充分本土化、时代化的产物。

中国式现代化建基于独特的国情之上。国情差异前提性地决定了现代化道路的独特性。其一，独特的自然禀赋是现代化建设的先天条件。中国疆域广阔、自然资源丰富，这为现代化发展提供了向内挖掘的广阔空间；但中国人口众多，是世界上少有的规模体量巨大的国家，这一客观"硬约束"决定中国实现现代化的途径必然体现出不同于既有现代化模式的特色。其二，社会主义初级阶段是现代化建设的历史条件。中国的社会主义现代化建立在一穷二白的基础上，"没有多少工业，农业也不发达""文化水平、科学水平都不高"，不同于马克思主义经典作家理论形态中的社会主义，因而中国式现代化必然是具有中国特色的社会主义现代化。国情是现代化赖以展开的基础，中国共产党人始终保持对国情的自觉，毛泽东强调，认清中国的国情，乃是认清一切革命问题的基本的根据；邓小平强调，中国的事情要按照中国的情况来办；习近平总书记强调，"坚持把国家和民族发展放在自己力量的基点上"。独特的国情赋予中国式现代化以中国特色。

（三）理论依据：马克思主义现代化思想

理论是实践的指南，不同的理论逻辑塑造着不同的现代化实践。"拥有马克思主义科学理论指导是我们党坚定信仰信念、把握历史主动的根本所在。"马克思虽然没有关于"现代化"的直接论述，但他身处发达的资本主义现代社会，对资本主义的病理剖析中蕴含着丰富的现代化思想。对资本主义的辩证分析、对人类社会发展道路多样性的论述是中国式现代化中国特色的直接理论依据。

马克思主义在对资本主义现代社会的辩证分析中揭示了现代文明发展的本质性规律，中国式现代化正是因践行这一文明逻辑而呈现出"中国特色"。马克思从世界历史的整体性逻辑中对资本主义现代社会的历史作用和历史限度作了全面客观审视。他充分肯定了资本逻辑在人类社会现代转型中的驱动作用，指出"资本一出现，就标志着社会生产过程的一个新时代"，并毫不吝啬地对资本主义在推动生产力、城市化、世界历史、科技发展等方面的巨大变革予以肯定。但资本主义的固有矛盾先天性地决定了资本主义现代文明的内在限度。在资本主义现代社会，资本是整个社会围绕运转的"轴心"，是支配一切的权力，人只有为资本增殖所需要时才具有价值；资本逐利本质导致物质主义极度膨胀，"一切神圣的东西都被亵渎了"，人的全面发展需要被强势掩盖；社会富裕程度不断提升，但财富集中在少数人手中，

◎图为马克思素描画

多数人的收入增长率远低于社会财富增长率，两极分化愈演愈烈；为了满足无限增殖的需要，资本的触角伸向世界各地，在对外殖民掠夺中寻求高额利润。资本主义现代化的这些共性使其在发展中滋生出系统性危机，对人类文明发展的负面影响日益扩大。马克思主义揭示了现代文明发展的应然逻辑，中国式现代化以此为指导，校正被资本主义所扭曲的现代文明，展现出独特的现代化观。

马克思主义从人类文明整体视角揭示了社会发展道路的多样性。资本主义拉开了现代化序幕，成为现代文明的先行者，并在资本扩张中使现代文明在全球落户，但它不是通向现代化的唯一路径，更不是最优路径。马克思明确反对将"关于西欧资本主义起源的历史概述"泛化为"一般发展道路的历史哲学理论"，指出现代化发展中不存在"万能钥匙"，各种独特情况的结合使"极为相似的事变发生在不同的历史环境中就引起了完全不同的结果"。现代化道路不是可以先验假定的，"一切都取决于它所处的历史环境"。马克思晚年跳出西欧视域，在对俄国农村公社的分析中指出不同于西欧逻辑现代化道路的可能性。问题本身包含着解决问题的办法，世界历史的展开为后发者提供了更多选择。诸多未能成为现代化先行者的落后国家，苦于资本主义的不发达，但又拥有后发优势，借助有利的社会历史条件有可能"不经受资本主义生产的可怕的波折而占有它的一切积极的成果"。现代化是历史的必然，但不存在放之四海而皆准的发展模式，将现代化等同于西方化、资本主义化，将发展道路唯一化是对历史规律的背反，自觉探索具有本国特色的道路是现代化发展的题中应有之义。

中国式现代化的"中国特色"是逻辑的必然，体现着"中国式"的内涵意蕴，避免了被"格式化"的宿命，是强国复兴的根本所在。

二、中国式现代化中国特色的内涵意蕴

矛盾的特殊性决定事物性质，中国式现代化能够展现出异于西方现代化模式的新图景，革新人类文明形态，关键在于它所具有的"中国特色"。中国式现代化是人口规模巨大的现代化、是全体人民共同富裕的现代化、是物质文明和精神文明相协调的现代化、是人与自然和谐共生的现代化、是走和平发展道路的现代化，这 5 个方面的中国特色，深刻揭示了中国式现代化的科学内涵。

（一）国情特色：人口规模巨大的现代化

人是历史的主体，自然也是现代化的主体。人口众多是我国的基本国情，这一客观实际是不可忽略的事实，是现代化建设的逻辑起点。"人多有好的一面，也有不利的一面。"人口规模巨大体现了中国式现代化的国情特征，包含着特有优势和特有难题，决定着现代化的发展途径和推进方式。这一特色使中国式现代化必然带来世界性影响。

中国式现代化是人口规模巨大的现代化。联合国数据显示，2022 年，全球人口达到 80 亿。而全球实现现代化的国家和地区不超过 30 个，总人口不超过 10 亿，覆盖规模不到世界总人口的 12.5%。根据 2020 年第七次全国人口普查，中国总人口为 14.43 亿，占世界人口比重达18%。从数量来看，相较于西欧国家千万级人口的现代化、美日亿级人口的现代化，中国十亿级的现代化是"现象级"事件，将改写世界现代化版图。而资本主义现代化是少数人的现代化，更是从侧面映射出"十四亿多人口整体迈进现代化社会"的难度和意义。人口规模巨大的乘数效应和除数效应带来双重影响，既提高了处理经济社会问题的难度系数，也能汇聚起应对挑战的磅礴伟力。一方面，庞大的人口基数加剧了资源环境压力，大宗矿产人均储量、人均耕地面积、人均水资源量等远低于世界平均水平，这决定了中国必然要走一条不同于西方的现代化道路。因而，"必须从国情出发，首先要考虑人口基数问题，考虑我国城乡区域发展水平差异大等实际，既不能好高骛远，也不能因循守旧"。另一方面，人是现代化进程中最活跃的因素，巨大的人口规模蕴含着巨大的人口优势。西方以资本为中心、牺牲多数人利益的现代化老路难以调动人民积极性，致力于"人的现代化"才能够将规模性压力转化为潜力。新中国成立之初，正是依靠广泛的社会动员，集中民智民力，才顺利启动现代化。"发展后劲的大小，越来越取决于劳动者的素质，取决于知识分子的数量和质量。一个十亿人口的大国，教育搞上去了，人才资源的巨大优势是任何国家比不了的。""他者"经验有限，难以解决中国问题，这要求中国走自己的路，开创能够释放人口红利的现代化范式。

"人口规模巨大的现代化"具有强大的溢出效应。在历史转变为世界历史后，各国的现代化都会产生或强或弱的溢出效应。马克思曾用"两极相连"原理描述中国与世界的关系，无论是古老的中国还是现代的中国，都是影响世界历史的重要变量。一方面，超大规模市场构成了国际循环的坚实基础。2021年中国人均GDP突破1.2万亿美元，接近高收入国家门槛，中等收入群体规模超4亿。超大规模市场不仅有利于构建完整的内循环体系，确保在不确定性因素冲击下葆有回旋余地，增强自身发展韧性。同时，在中国与世界深度融合的时代，超大规模持续升级的市场具有独一无二的吸纳和消化能力，在国际循环中起着不可替代的作用。另一方面，人口规模巨大的现代化带来的是能够促成质变的量变。基于中国发展的强大辐射带动作用，中国消除绝对贫困为全球减贫事业作出重大贡献，同样，中国式现代化的规模效应将给全球发展带来结构性影响。世界现代文明由"资本主义的私有制＋代议制民主政治＋自由主义市场经济"基本建制主导，经由社会主义建成规模庞大的现代化国家将重塑现代文明图景，使被资本异化的现代文明得以纠偏，并为其注入新的生机活力。在世界百年未有之大变局中，人口规模巨大的现代化既有世界性意义，也深受外部环境影响，要办好自己的事情，统筹好发展和安全。

（二）本质特色：全体人民共同富裕的现代化

共同富裕是人类千百年来的美好追求，由社会主义定向的中国式现代化历史性地将共同富裕融入现代化实践中，规避了有"共同"无"富裕"、有"富裕"无"共同"的现象。由此，在世界现代化场域中，共同富裕成为中国式现代化的重要特征。中国式现代化所践行的共同富裕"是全体人民共同富裕，是人民群众物质生活和精神生活都富裕"。

中国式现代化是全体人民共同富裕的现代化。资本主义现代化创造的巨大生产力为人类摆脱贫困状态创造了物质条件，但多数人未能和少数人共享繁荣，财富和贫穷分别在社会两端积累，共同富裕成为幻象。共同富裕是生产问题，也是分配问题。中国式现代化是社会主义的现代化，从生产力和生产关系层面为共同富裕提供了双重保障。

知言明理

共同富裕

共同富裕是社会主义的本质要求，是中国式现代化的重要特征。我们说的共同富裕是全体人民共同富裕，是人民群众物质生活和精神生活都富裕，不是少数人的富裕，也不是整齐划一的平均主义。

促进共同富裕，要把握好以下原则：鼓励勤劳创新致富；坚持基本经济制度；尽力而为量力而行；坚持循序渐进。

总的思路是，坚持以人民为中心的发展思想，在高质量发展中促进共同富裕，正确处理效率和公平的关系，构建初次分配、再分配、第三次分配协调配套的基础性制度安排，加大税收、社保、转移支付等调节力度并提高精准性，扩大中等收入群体比重，增加低收入群体收入，合理调节高收入，取缔非法收入，形成中间大、两头小的橄榄型分配结构，促进社会公平正义，促进人的全面发展，使全体人民朝着共同富裕目标扎实迈进。

中国式现代化突破传统社会主义观念束缚，将解放和发展生产力作为中心任务，借助政府和市场双轮驱动，根本性地改变了供给不足状况，使贫穷落后的中国跃升为世界第二大经济体。进入全面建设社会主义现代化国家新阶段，中国式现代化着眼人民美好生活需要，将高质量发展作为首要任务，在保障"量的合理增长"时促进"质的有效提升"，不断夯实共同富裕的物质基础。中国式现代化包含发展机制，也包含共享机制，中国特色的经济制度能"创造比资本主义更高的效率"，也能"更有效地维护社会公平"。共同富裕是一个伴随现代化全过程的长期历史过程，不可能一蹴而就，"我们不能等实现了现代化再来解决共同富裕问题"。急不得，但也等不得。各国发展中不乏因未能适时推进共同富裕，致使经济问题升级为政治问题的先例。"两大奇迹"有力地诠释了中国式现代化是既能够提高富裕程度，又能够实现共享的现代化。立足超大规模的现代化实际，中国稳步推进共同富裕。改革开放初期，邓小平从"两个大局"出发，以"先富带后富"为共同富裕创造条件。发展起来后，面对城乡、区域发展差距，以区域协调发展战略和脱贫攻坚战拉开了共同富裕的序幕，使现代化成果逐步惠及全体人民。例如，宁夏回族自治区永宁县闽宁镇的东西部扶贫协作是中国式现代化推进共同富裕的生动样本。

共同富裕是一个总体性概念。"物质富足、精神富有是社会主义现代化的根本要求。"资本主义现代化将人类带入"以物的依赖性为基础"的社会，有其进步性，但对物的过度依赖造成价值式微，人和社会的单向度发展，甚至"见物不见人"。社会主义致力于人的全面发展，邓小平指出"贫穷不是社会主义"，物质贫穷、精神匮乏都是对社会主义的背离。中国式现代化坚持物质文明和精神文明协调发展，在厚植现代化的物质基础的同时，以时代化、个性化的文化供给，不断丰富人民精神世界、增强人民精神力量、提升人民生活品质，推动"口袋"和"脑袋"共同富裕。物质和精神的共同富裕既是个体发展需要，也是民族国家发展需要。强国建设、民族复兴既要有硬实力，也要有软实力，有思想引领、文化滋养才能真正以文明姿态挺立于世界。毛泽东深刻揭示了"物质变精神、精神变物质"的辩证法。坚实的物质基础能够转化为攻坚克难的底气和信心，崇高的精神力量能够提供不竭的发展动力。解决发展中的深层次矛盾问题、应对重大风险考验，靠的不仅是物质力量，更有精神力量的支撑。战洪水、防非典、抗地震、控疫情，是对包括精神力量在内的国家实力的考验。"今天，西方国家日渐陷入困境，一个重要原因就是无法遏制资本贪婪的本性，无法解决物质主义膨胀、精神贫乏等痼疾。"面对物质文明和精神文明的发展反差，中国式现代化提供了协调发展的方案，证伪了所谓的"代价论""次要论"，为各国减轻发展阵痛提供了新选择。

（三）发展方式特色：绿色发展的现代化

现代化是一个社会变迁过程，在这个过程中首先改变的是人与自然之间的物质变换，站在人与自然和谐共生的高度谋划发展才能保证现代化的发展质量和安全底线。在对现代化规律性认识的基础上，中国同步推进物质文明和生态文明建设，开创出更高质量、更可持续、更为安全的现代化道路。

绿色发展是实现现代化的必由之路。自然界为人类生存发展提供了须臾不能离开的环境，从原始社会对自然的崇拜、古代社会对自然的依赖到现代社会对自然的开发，人类逐步摆脱自然的盲目支配，但不能挣脱自然而存在。在实现现代化的进程中，人类逐步从自然束缚中解放出来，并确立起自身主体地位。受主客二分的思维模式的限囿，资本主义现代化在对自然的征服中创造出前所未有的文明成果，但这一进程也产生了不可逆的生态创伤，制造了吞噬文明成果的生态危机。高耗能高污染的粗放式发展模式本身难以为继。作为后发的现代化，中国式现代化不具有先发国家的资源环境禀赋；作为规模庞大的现代化，按照西方老路，"再有几个地球也不够中国人消耗"。无论是站在人类文明发展高度，还是立足中国发展实际，以生态换发展的道路行不通，绿色发展是必由之路。在推进和拓展中国式现代化进程中，"人民群众对生态环境质量的期望值更高，对生态环境问题的容忍度更低"，中国式现代化在一系列改革探索中找到建设物质文明和生态文明的兼容模式。"绿色"成为新发展理念之一，"美丽"成为现代化强国目标之一，"生态文明"成为总体布局组成部分，"坚持人与自然和谐共生"被纳入基本方略，"污染防治"被提升到攻坚战高度。从理念到实践，通过创造优美生态环境、提供优质生态产品，保护和开发一体推进，中国式现代化使人与自然和谐共生由理论转变为现实。

人与自然和谐共生的中国方案。人与自然和谐共生即合理调节人和自然之间的物质变换，"靠消耗最小的力量，在最无愧于和最适合于他们的人类本性的条件下来进行这种物质变换"。中国式现代化在尊重自然规律基础上走出一条生产、生活和生态良性循环的文明发展道路。首先，践行人与自然是生命共同体的理念。现代文明不是处于"自然界之外"，而是"存在于自然界之中"，在与自然界的互动中获得其赖以维系和发展的质料。中国式现代化跳出传统"人类中心主义"的狭隘视角，摒弃主客二分思维，将人和自然视为生态系统的平等主体，在共同体中谋划发展。其次，坚持走绿色发展道路。先污染后治理的发展方式不可持续，边污染边治理的发展方式效益低下，人与自然只能维持脆弱的平衡关系。推动经济社会绿色转型，在绿色低碳循环发展中创造绿色经济，才能实现现代文明的提质升级、持续发展。最后，在绿水青山中创造金山银山。"良好生态环境既是自然财富，也是经济财富，关系经济社会发展潜力和后劲。"中国式现代化充分考量经济社会发展的当下和长远影响，将生态文明纳入现代文明，将生态文明优势转化为发展优势，在安全可靠基础上推进现代文明，革新了现代文明发展方式。生态文明关乎文明兴衰，生态环境是人类发展必须跨越的一道关口。中国式现代化证明生态文明和经济发展之间能够保持平衡，良好生态环境兼具生态文明效益、经济效益和社会效益，为人类走出发展困境贡献了中国智慧。

（四）发展途径特色：和平发展的现代化

现代化是在与世界的互动中推进的，中国着眼宏阔的时空维度正确处理同世界的关系，不依附他国，也不对外掠夺，坚持独立自主，将国家民族发展建立在自身力量基点上，走出一条和平发展的现代化道路。中国式现代化拓展了和平发展的内涵和外延，开辟了合作共赢的现代化发展模式，是实现命运与共现代化的新途径。

延 伸 阅 读

2020 年 9 月 22 日，中国向全世界宣示：将提高国家自主贡献力度，采取更加有力的政策和措施，二氧化碳排放力争于 2030 年前达到峰值，努力争取 2060 年前实现碳中和。

碳达峰中的"碳"是指狭义的碳排放，即二氧化碳排放的达峰；而碳中和中的"碳"是指广义的碳排放，即全经济领域的温室气体排放。

碳达峰，是指某个国家或地区年度人为经济活动产生的二氧化碳排放量达到历史最高值，并经历平台期后持续下降的过程，是二氧化碳排放量由增转降的历史拐点。实现碳达峰意味着一个国家或地区的经济社会发展与二氧化碳排放实现"脱钩"，即经济增长不再以增加碳排放为代价。

碳中和，是指某个国家或地区测算在一定时间内直接或间接产生的温室气体排放总量，通过植树造林、碳捕集利用与封存等技术手段，以抵消自身产生的温室气体排放量，实现"零排放"。

2021 年 9 月 22 日，中共中央、国务院印发《关于完整准确全面贯彻新发展理念做好碳达峰碳中和工作的意见》；10 月 24 日，国务院印发《2030 年前碳达峰行动方案》。这两部文件的发布宣告了我国碳达峰碳中和"1+N"政策体系的正式建立。

在独立自主基础上的和平发展。纵观世界现代化发展史，早期现代化充斥着殖民主义，西方曾在所谓文明征服野蛮、民主对抗专制的旗帜下大肆发动战争，对外掠夺扩张，以满足自身发展需求；进入以和平与发展为主题的时代，新殖民主义代之而起，发达国家借助其优势地位进行资本输出、价值观渗透、模式输出，甚至激化他国矛盾冲突以谋取利益。弱肉强食的丛林法则是文明的对立面，这种将自身发展建立在他国落后基础上的现代化是对人类文明的背反。中国"不走殖民掠夺的老路，不走国强必霸的歪路"，坚持独立自主，和平发展，不以牺牲他国利益为代价，依靠激发内生动力与和平利用外部资源相结合的方式推进现代化。社会主义革命和建设时期，中国在一穷二白基础上启动现代化没有走西方老路，而是通过向内挖掘，坚持全国一盘棋，集中调配资源，获得工业化所需的原始积累；改革开放和社会主义现代化建设新时期，中国发挥市场和劳动力资源等方面的相对优势在与世界的平等交换中获得现代化所需的资金和技术，通过体制机制改革解决发展中的矛盾问题，而非向外转嫁；进入新时代，中国亟须解决的是不平衡不充分的发展问题。例如，面对产能过剩，没有强势输出，而是通过提高中低收入者收入扩大内需，通过供给侧结构性改革调整投资结构。可以看出，中国式现代化是建立在自身力量基点上的现代化，是在和平发展中开创出来的。和平发展不是权宜之计，从和平共处五项原则到构建人类命运共同体，中国始终坚持独立自主，站在历史正确的一边，为世界和平发展注入确定性力量。

在和平发展中推进合作共赢。中国走和平发展道路没有局限于独善其身，而是积极寻求各国利益汇合点，倡导在和平中谋合作，在发展中谋共赢，"在坚定维护世界和平与发展中谋求自身发展，又以自身发展更好维护世界和平与发展"。和平与发展已成为不可阻挡的历史潮流，但一些国家的思维仍然停留在冷战时期，或者在谋求自身发展时坚持霸权主义，单边主义、保护主义时而泛起，任性退群，搞排他性小圈子，有和平无合作，有发展无共赢；或者从国强必霸、本国优先逻辑出发审视他国实践，恶意围堵打压、脱钩断链，企图将后发者锁定在价值链低端。中国反对霸权霸道霸凌行径，坚持共商共建共享，以自身新发展为世界提供新机遇。发展起来的中国深受世界关注，但中国没有走大国崛起的老路，而是秉持强而不霸，互利共赢原则，在维护自身利益的同时观照他国合理关切。"一带一路"是中国为世界提供的合作共赢平台，拓宽了各国发展空间，为世界发展注入了新动力。据世界银行研究报告，"一带一路"倡议将有助于相关国家760万人摆脱极端贫困、3200万人摆脱中度贫困，使沿线经济体贸易增长2.8%至9.7%，使全球实际收入增加0.7%至2.9%。走和平发展道路"是从历史、现实、未来的客观判断中得出的结论"，中国式现代化的深入推进将使世界之变、时代之变朝着合理方向演进。

三、中国式现代化中国特色的双重属性

中国式现代化所具有的"中国特色"不是狭隘的经验论，"既切合中国实际，体现了社会主义建设规律，也体现了人类社会发展规律"，内蕴双重属性。"中国特色"是对现代化一般性规律的中国式实践形态的集中概括，是包含普遍性的特殊性；"中国特色"表现出同人类文明发展方向的一致性，具有内在优越性。

（一）中国特色包含普遍性

中国式现代化的"中国特色"承载着世界性问题的民族性求解方式，超越了狭义上标识民族特征的特殊性，既回答了中国之问，也回应了世界之问、时代之问，体现着普遍性与特殊性之间的辩证关系。

"中国特色"体现着普遍性到特殊性转化的具体实践形态。普遍性不是抽象的普遍性，存在于包含许多具体规定的特殊性中。具有一般性规律的现代化不能通过所谓"普世""万能"的模式在历史文化传统、社会条件不同的国度和疆域发展起来。"一般真理"不是可以简单套用的"纯粹抽象公式"，在与特殊性的结合中才能展现出真理性力量。中国的现代化起步晚、起点低、规模大，面临的是高度压缩的时空，这些不可忽略的历史和现实条件必然导出极具特色的现代化路径。现代化意味着工业化、知识化、市场化、民主化、法治化、理性化、城市化、全球化等，中国经由工业化和信息化互促的新型工业化、社会主义市场经济、全过程人民民主、社会主义核心价值观、以人为核心的新型城镇化、构建人与自然生命共同体，创造出包括物质文明、政治文明、精神文明、社会文明和生态文明在内的现代文明形态，使面临开除"球籍"风险的民族日益走近现代世界舞台中央。反观简单移植照搬他国模式的现代化国家，多数因忽视自身特殊条件而陷入发展困境，偏离现代文明轨道。从后思索，正是因为中国式现代化具有契合中国实际的"中国特色"，具有普遍性的社会主义定向的现代文明才得以呈现。在这个意义上，成为民族的才能成为世界的。

"中国特色"蕴含着特殊性上升为普遍性的现实可能。特殊性和普遍性不是孤立存在的，二者之间也没有不可逾越的鸿沟，相反，二者相互贯通、相互转化，反映着普遍性的特殊性能上升为普遍性。毛泽东揭示了转化的规律，以"共同的认识为指导，继续地向着尚未研究过的或者尚未深入地研究过的各种具体的事物进行研究"，"可以补充、丰富和发展这种共同的本质的认识"。转化和上升的前提是承认并包容"各种具体的事物"的差异。西方否认现代化的特殊性，将自身标榜为现代化的唯一正确模式，凭借发展势位差强势输出自身现代化模式，背离了世界现代化发展规律。中国式现代化秉持和而不同的理念，主张着眼自身实际，以普遍性观照特殊性，这本身是现代化发展的一般规律，因而能够由特殊上升到一般。由特殊上升为普遍还在于"中国特色"的积极外溢效应。"解决好民族性问题，就有更强能力去解决世界性问题；把中国实践总结好，就有更强能力为解决世界性问题提供思路和办法。"中国式现代化的显著成效使中国拥有解决世界性难题的强大能力和资源；共享、协调、绿色、开放、和平发展的现代化契合人类文明发展规律，为人类走出发展困境贡献了中国智慧，为那些在现代化道路上艰难跋涉的国家提供了参考借鉴。强

◎ 中国式现代化贯通着人类追求现代化的普遍性规律，同时孕育于中国基本国情的基础之上。图为广东阳江海陵岛南海伏季休渔期结束，渔民们开启新一轮"耕海"生活，渔船破浪前行，千帆竞发奔赴远洋

调中国式现代化的普遍性不等于将其普世化，而是要破除对西方现代化的迷思，证明走自己的路才能创造出具有普遍性的现代文明。

（二）中国特色内蕴超越性

中国式现代化的"中国特色"是现代化问题上普遍性到特殊性转化的产物，"代表人类文明进步的发展方向"，内在地具有超越性。它"展现了不同于西方现代化模式的新图景"，"为人类对更好社会制度的探索提供了中国方案"。

中国式现代化创造了全新的现代文明图景。现代文明是人类迄今创造的最高文明，资本主义现代化和苏联社会主义现代化在全球文明版图塑造中发挥了不可替代的作用，但其历史局限性决定了现代文明不会止步于这两种形态，必然走向更高阶段。资本主义现代化塑造了人类现代化原初图景，并长期占据现代文明高地。资本在为自身开拓疆域时，现代文明随之攀升，但资本的非理性扩张催生出否定性因素，现代文明因资本双重作用发生蜕变，走向自身反面。正如美国学者布莱克在《现代化的动力——一个比较史的研究》一书中所言："变迁的结果为人类改善生存环境提供了前所未有的景象，同时也以无法想象的破坏性可能威胁着人类。"苏联开启了社会主义现代化先河，提供了落后国家实现现代化的新路径，曾创造出和资本主义并驾齐驱的现代文明，但因国民经济比例失调、否定价值规律、改革背离社会主义方向，致使现代化因国家解体而中断。在反思借鉴中开创的中国式现代化实现了对现代文明形态的革新。作为社会主义和现代化的有机结合，中国式现代化植根中华优秀传统文化，具有5000多年文明积淀赋予的历史厚度；坚持科学社会主义基本原则，具有马克思主义赋予的理论深度；对资本主义现代文明予以积极扬弃，具有文明交流互鉴赋予的世界广度。在历史和现实、理论和实践、国际和国内相交融中生成的中国式现代化将现代文明推向新高度。

　　独特的现代化观使中国式现代化实现本质性超越。中国特色蕴含的独特现代化观，不仅提供了反观他者现代化的新视野，也塑造出能为人类带来更多福祉的现代化新范式。天下大同、美美与共的世界观超越了国强必霸、本国优先的生存逻辑。中国坚持命运与共，尊重各国发展权力，寻求各国利益汇合点，欢迎各国搭乘中国发展的"快车"。人民至上、以人为本的价值观超越了利益至上、以资为本的发展逻辑。现代化的本质是人的现代化，中国坚持以经济建设为中心，将发展作为第一要务，但其着眼点是人的自由全面发展。人民群众是历史创造者的历史观，超越了将人民视为乌合之众，由特权阶层、利益集团掌控国家命运的狭隘历史观。如同现代化不专属于少数人，现代化也不可能仅靠少数人推动，维护人民利益、集中人民力量，现代化事业才能获得持久动力。交流互鉴、共生共存的文明观超越了文明冲突论。"一个和平发展的世界应该承载不同形态的文明，必须兼容走向现代化的多样道路。"中国式现代化坚持求同存异，对外来文明具有极大包容性。全过程人民民主的民主观超越了单一的选举民主。民主是全人类共同追求，中国式现代化以切实有效的制度安排将民主价值理念转化为具体的实践参与，全链条、全方位、全覆盖的民主充分保障人民当家作主。人与自然和谐共生的生态观超越了主客二分的人类中心主义。在人与自然构成的生命共同体中存在作用与反作用，尊重自然、顺应自然，建设生态文明是现代文明的题中应有之义。

中国式现代化的超越不是简单的基于彻底解构的外在超越，没有否定普遍性，而是通过"中国特色"解决矛盾实现内在超越，因此，中国式现代化是普遍性与特殊性的统一。兼具共性和个性的中国式现代化是契合历史规律、经得起实践检验、面向未来的现代化范式。

第五章

最大特征

——中国式现代化是中国共产党领导的
社会主义现代化

中国式现代化是中国共产党领导的社会主义现代化，这"是对中国式现代化的定性，是管总、管根本的"。中国式现代化既展现出共性，也彰显着特色，这种普遍性和特殊性的辩证统一在于中国共产党的领导。中国共产党领导是中国特色社会主义最本质的特征，在中国特色社会主义实践中开创的中国式现代化自然蕴含着这一本质性特征。

一、中国共产党与中国式现代化的推进和拓展

在独特的历史境遇中，中国式现代化的孕育生发、推进拓展和中国共产党有着本质性关联。中国共产党能够在各种政治力量的反复较量中成为现代化进程中无可替代的领导核心，在于它以高度的历史自觉和历史主动精神推动了中国现代化逻辑的根本转换，促进了现代化内涵的丰富拓展，科学擘画了现代化的宏伟蓝图。

（一）现代化逻辑的根本转换

世界历史的非均质展开使各国在世界现代化坐标轴上处于不同位

置，先发者的示范效应和后发者的追赶战略叠加极易使多样化的发展道路同质化。在"他者"现代化的强势遮蔽下，中国曾在现代化道路上艰难跋涉，中国共产党突破现代化思维定式，打破先发者的路径锁定，放弃"走别人的路"，坚持"走自己的路"，根本改变了中国现代化发展态势。

从"效仿欧美"到"走自己的路"。现代化首先在西方铺陈开来，中国作为后发者在资本扩张中被裹挟进世界现代化大潮，但中国的现代化起始便走了照搬照抄、食洋不化的弯路。以新卫旧的洋务运动、改良图强的维新运动、推翻封建帝制的辛亥革命构成中国早期现代化的"三部曲"，从一定程度上说，这些探索在封建外壳上打开了缺口，但均因忽略自身实际，简单移植现代性要素而收效甚微、黯然离场。此后更深层次的新文化运动也无力承担现代化任务。"在半殖民地半封建社会的条件下，中国现代化没有也不可能取得成功。""排除民族压迫是一切健康而自由的发展的基本条件。"中国共产党认识到机械套用、移植资本主义现代文明不能解决问题，以彻底的革命推翻三座大山，建立起适应先进生产力的新生产关系才能真正启动现代化。党立足半殖民地半封建社会的农业大国实际，借助矛盾分析法和阶级分析法，找到中国革命的正确道路。新民主主义革命回答了中国向何处去的历史之问，为实现现代化创造了根本社会条件。

从"取法于苏"到"走自己的路"。历史给后发者提供了更多的选择。社会主义现代化首先在苏联由理论变为实践，并在资本主义主导的现代世界体系中取得巨大成就，这对新生的社会主义中国无疑具有极大示范意义。囿于社会历史条件，中国对苏联社会主义模式的效仿逐渐出现偏差。在制度安排、国民经济比例设置及意识形态认知上，一些不属于社会主义本质属性的东西被当作基本原则固守，现代化因此受到不应有的束缚。经历史和实践检验，中国共产党认识到苏联模式不等于科学社会主义基本原则，并及时纠偏，提出把马克思列宁主义基本原理同中国具体实际进行"第二次结合"，找出在中国建设社会主义的道路。"以苏为鉴"，重新回归自身，"走自己的路"再次成为中国现代化的基本思路。这一时期的探索为现代化建设奠定根本政治前提和提供宝贵经验、理论准备、物质基础。邓小平强调：

◎2023 年 7 月 20 日，神舟十六号航天员舱外操作画面

◎2021 年 11 月 19 日晚，中国空间站飞越北京故宫上空（照片轨迹为多张照片堆栈）

◎独立自主是中华民族精神之魂，是我们立党立国的重要原则。走自己的路，是党百年奋斗得出的历史结论

"我们碰到的问题世界上其他国家没有过，从外国找不到解决的答案。历史不同，问题也不同，外国经验不可照搬，只能靠自己实践。"中国共产党在改革开放进程中逐步深化对社会主义本质和现代化的规律性认识，从"不发达的社会主义"和现代化相结合的实际出发，提出"中国式的现代化"。这一时期所取得的历史性突破，为中国式现代化提供了充满新的活力的体制保证和快速发展的物质条件。新时代，社会主义现代化建设进入了"无人区"，党拨开西方现代化迷雾，坚持自信自立、守正创新，加大改革攻坚力度，为中国式现代化提供了更为完善的制度保证、更为坚实的物质基础、更为主动的精神力量。

"走自己的路"从根本上改变了中国现代化的发展逻辑，使之实现了双重"在场"。一是现代化的在场，现代化不仅是防御性的被动选择，更是顺应潮流的主动选择；二是中国作为主体的在场，现代化不仅建立在自身力量基点上，同时深耕于中华文明土壤中。由此，中国的现代化呈现出积极的发展态势。

（二）现代化内涵的深化拓展

现代化是一个整体性社会变迁过程，由点及面传导辐射，并不限于一时一域，这决定现代化是一个总体性概念，其内涵外延在发展中逐步拓展。中国共产党突破现代化等于西方化、工业化的狭隘现代化观，在推进中国式现代化进程中开辟了现代化认知新境界。

从关涉领域来看，现代化以工业化为牵引，逐步向各领域渗透。党对现代化的原初认识是工业化，1944年5月，毛泽东指出近代以来"中国落后的原因，主要的是没有新式工业"，"要中国的民族独立有巩固的保障，就必需工业化"。新中国成立初期，"一五"计划、过渡时期总路线都围绕工业化展开，这适应了新生国家安全和发展的需要，但造成了一定程度的比例失调。随着社会主义探索的深入，1954年酝酿提出的"四个现代化"，到1963年逐步完善并形成共识。但"四个现代化"仍集中于物质文明领域。改革开放以后，面对经济社会发展的"副作用"，邓小平强调物质文明和精神文明"两手抓"，并着手政治体制改革。1986年党的十二届六中全会首次提出"总体布局"，涵盖经济、政治、文化三方面。此后，逐步将社会、生态文明引入现代化范畴，形成"五位一体"总体布局。发展起来后，面对失衡问题，适时提出治理现代化以统筹发展和安全。

从时间尺度来看，现代与传统相对，但现代化并不是对传统的全盘否定，它既着眼当下和未来，也连接过去。现代化表征着新旧交替，意味着传统社会变为现代社会、传统文明变为现代文明，但现代化不是无源之水、无本之木，现代与传统之间也不存在不可逾越的鸿沟，相反，二者相互贯通。相较于传统，现代化具有与生俱来的"话语优势"，前者要接受后者的取舍与改造，但二者之间的作用是双向的。中国共产党秉持大历史观，正确处理现代和传统的关系，一方面，重新审视传统文化，传承同科学社会主义价值观主张相契合的部分，并赋予其现代表现形式，激活其文明力量；另一方面，自觉从中华优秀传统文化中汲取智慧。毛泽东指出："今天的中国是历史的中国的一个发展……我们不应当割断历史。从孔夫子到孙中山，我们应当给以总结，承继这一份珍贵的遗产。"中国式现代化所蕴含的独特现代化观彰显着中华文化基因。

从价值尺度来看，现代化要创造高度发达的物质文明，但其旨归在于人的全面发展。现代化以生产力的解放和发展为基础，没有从自给自足小生产向机器大生产的转变难言现代化；人是历史的主体，是"剧中人"，也是"剧作者"，没有人自身的现代化，现代化也难以持续推进。物的现代化和人的现代化缺一不可，但二者并非等量齐观，创造高度发达的物质文明是为了使摆脱人身依附关系的个体进一步摆脱"物的依赖性"，从物质束缚中解放出来，为实现自由全面发展提供必要条件。就此，物的现代化服务于人的现代化。中国式现代化将人的发展逻辑置于物的发展逻辑之上，跳出将人的现代化视为现代化副产品的认知窠臼，从本质高度对人的现代化予以确认，由此构建起合规律性与合目的性相统一的发展链条。

（三）现代化蓝图的科学擘画

现代化作为一种具有未来指向性的存在，是一个长期的历史过程，在高度压缩的时空中推进现代化需要切实可行的路线图和时间表。中国共产党坚持把远大理想和阶段性目标统一起来，在推进现代化的进程中有着明确的中长期规划，坚持一茬接着一茬干、一棒接着一棒跑，在五年规划的链接中不断完善战略目标和战略步骤，擘画出日渐科学清晰的现代化蓝图。

实现现代化是近代以来中国人民矢志不渝的奋斗目标。孙中山的《建国方略》是近代中国谋求现代化的第一份蓝图，但因缺乏实施条件而止于设想。在为现代化创造根本社会条件的新民主主义革命时期，毛泽东绘就了现代化国家的基本图景，即"政治上自由""经济上繁荣""被新文化统治因而文明先进的中国"。新中国成立后，党开始酝酿现代化建设步骤。"两步走"战略规划是党对社会主义现代化建设的初步构想。基于对前期赶超战略的反思，提出到20世纪末国民经济发展的"两步走"计划："第一步，建立一个独立的比较完整的工业体系和国民经济体系；第二步，全面实现农业、工业、国防和科学技术的现代化，使我国经济走在世界的前列。"但"第二步"仍是一个模糊的愿景。改革开放和社会主义现代化建设新时期，邓小平重新审视国内外发展形势，指出"我们开了大口"，将现代化具化为"中国式的现代化""小康"，并将人均国民生产总值作为衡量现代化的重要指标。党的十三大确立了"三步走"发展战略，渐次解决温饱、实现小康、基本实现现代化。这一安排不仅循序渐进，而且将时间延至21世纪中叶，更加契合中国实际。随着前两步目标实现，党的十五大对第三步关涉的50年作出新的部署，突出制度体制的现代化，同时在新"三步走"战略中提出了"两个一百年"宏伟目标。

在迎来站起来、富起来到强起来的新时代，全面建成小康社会决胜期的到来要求对现代化建设作出新的战略安排。在科学研判外部环境和内部条件的基础上，党的十九大对第二个百年奋斗目标作出更加科学清晰的规划。全面建设社会主义现代化国家分两个阶段：第一个阶段，从 2020 年到 2035 年，基本实现社会主义现代化；第二个阶段，从 2035 年到本世纪中叶，建成富强民主文明和谐美丽的社会主义现代化强国。基于显著的发展成效、巨大的发展潜力和广阔的

文献学习

　　◆未来五年是全面建设社会主义现代化国家开局起步的关键时期，主要目标任务是：经济高质量发展取得新突破，科技自立自强能力显著提升，构建新发展格局和建设现代化经济体系取得重大进展；改革开放迈出新步伐，国家治理体系和治理能力现代化深入推进，社会主义市场经济体制更加完善，更高水平开放型经济新体制基本形成；全过程人民民主制度化、规范化、程序化水平进一步提高，中国特色社会主义法治体系更加完善；人民精神文化生活更加丰富，中华民族凝聚力和中华文化影响力不断增强；居民收入增长和经济增长基本同步，劳动报酬提高与劳动生产率提高基本同步，基本公共服务均等化水平明显提升，多层次社会保障体系更加健全；城乡人居环境明显改善，美丽中国建设成效显著；国家安全更为巩固，建军一百年奋斗目标如期实现，平安中国建设扎实推进；中国国际地位和影响进一步提高，在全球治理中发挥更大作用。

　　◆到二〇三五年，我国发展的总体目标是：经济实力、科技实力、综合国力大幅跃升，人均国内生产总值迈上新的大台阶，达到中等发达国家水平；实现高水平科技自立自强，进入

创新型国家前列；建成现代化经济体系，形成新发展格局，基本实现新型工业化、信息化、城镇化、农业现代化；基本实现国家治理体系和治理能力现代化，全过程人民民主制度更加健全，基本建成法治国家、法治政府、法治社会；建成教育强国、科技强国、人才强国、文化强国、体育强国、健康中国，国家文化软实力显著增强；人民生活更加幸福美好，居民人均可支配收入再上新台阶，中等收入群体比重明显提高，基本公共服务实现均等化，农村基本具备现代生活条件，社会保持长期稳定，人的全面发展、全体人民共同富裕取得更为明显的实质性进展；广泛形成绿色生产生活方式，碳排放达峰后稳中有降，生态环境根本好转，美丽中国目标基本实现；国家安全体系和能力全面加强，基本实现国防和军队现代化。

——摘录自《高举中国特色社会主义伟大旗帜　为全面建设社会主义现代化国家而团结奋斗——在中国共产党第二十次全国代表大会上的报告》，2022 年 10 月 16 日

发展空间，这一规划在时间安排上将原初基本实现现代化目标提前15 年，在任务部署上提出更高层次目标，致力于现代化的全面提升。党的二十大进一步明确了未来 5 年的主要目标任务及 2035 年总体目标。在量上对标世界先进水平，在质上突出中国特色，质和量的双重规定勾勒出新的现代化蓝图。同时，在系统谋划中突出重点，强调教育科技人才、全面依法治国、国家安全体系等在全面建设社会主义现代化国家中的战略地位，具有鲜明的时代特色。"从第一个五年计划

到第十四个五年规划，一以贯之的主题是把我国建设成为社会主义现代化国家。"从近景目标到远景目标、从模糊蓝图到清晰规划、从对标世界到开拓创新，党带领人民成功推进和拓展了中国式现代化。

二、中国共产党领导中国式现代化的内涵意蕴

中国式现代化是基于自身国情的现代化范式，而"中国最大的国情就是中国共产党的领导"，不同于自然国情，这一历史生成的国情构成中国式现代化最基本的质的规定，决定着其发展逻辑。作为现代化事业的开创者、领导者和推动者，"党的领导直接关系中国式现代化的根本方向、前途命运、最终成败"。

（一）中国共产党领导决定中国式现代化的属性特质

中国式现代化集"中国式"、社会主义、现代化于一体，这种"三位一体"模式的孕育生发和中国共产党紧密相连。党的领导决定了中国现代化的社会主义属性，而中国现代化得以兼具共性和个性在于党对现代化规律的自觉。

中国式现代化的社会主义属性源自党的领导。"党的领导决定中国式现代化的根本性质。党的性质宗旨、初心使命、信仰信念、政策主张决定了中国式现代化是社会主义现代化，而不是别的什么现代化。"自资本主义拉开现代化序幕，人类迄今经历了资本主义现代化

和社会主义现代化两种主导形态。具有不同意识形态属性的政治力量对现代化模式或道路的选择具有决定性意义。在东西文明交汇碰撞之初，社会各阶层引进西方学说方案，企图通过走资本主义道路实现现代化，但这些尝试均被历史否定。中国共产党深刻洞察内外形势，顺应世界无产阶级社会主义革命大势，自成立伊始便确立了以社会主义救中国的主张。社会主义社会是人类美好理想的代表，是一种超越资本主义的社会形态，是在消灭剥削、消灭两极分化基础上共同享有物质文明和精神文明成果的社会。中国共产党作为无产阶级政党，自觉站在最广大人民立场上，将先进生产力和社会主义生产关系结合起来，致力于建设由多数人共享的现代文明。社会主义性质是中国式现代化的基本定向，中国共产党坚持道不变、志不改，在原则性和灵活性的辩证统一中将社会主义现代化推向新阶段。

中国式现代化内蕴的"共同特征"和"中国特色"源自党的领导。中国式现代化首先是一种现代化，契合现代化一般规律。现代化是历史发展确定不移的趋势，但封建统治者企图"把现代的生产资料和交换手段硬塞到已被它们突破而且必然被突破的旧的所有制关系的框子里去"，进而维系其专制统治及落后的经济基础。党自觉遵循历史规律，站在人类文明进步的一边，挣脱封建束缚，在新的生产关系中推动社会化大生产和民主政治等的发展，使现代化获得真正的发展空间。但中国式现代化不是现代文明在地域意义上的简单移植复现，党的性质宗旨、初心使命赋予中国式现代化鲜明的特色。党的先锋队属性决定中国的现代化不是由少数人垄断，而是属于14亿人；党的崇高理想决定中国式现代化是在满足人民美好生活需要中实现共同富裕的现代化；党代表着先进生产力发展要求、先进文化前进方向，这决定中国式现代化不仅要创造发达的物质文明，也要创造与之相适应的精神文明；党的指导思想是关于包括自然界在内的整个世界发展一般规律的学说，党从可持续发展的高度开创出人与自然和谐共生的现代化；党始终坚持无产阶级政党本色，超越了民族狭隘性，在谋求自身发展时积极观照世界，开创出和平发展的现代化。因此，党的领导对于中国式现代化具有决定性意义。

（二）中国共产党领导确保中国式现代化的正确方向

方向关乎成败。中国式现代化的属性特质明确了"中国向何处去"的问题，但面对严峻复杂的国际环境，在人口众多的东方大国实现现代化需妥善处理各种显性和隐性挑战。党作为现代化事业的掌舵者，要确保中国式现代化沿着正确方向行进，避免走上老路、邪路。

社会主义现代化不是一项全新事业，但在资本主义主导的现代世界体系中建设社会主义现代化面临诸多困境、陷阱。苏联开启了社会主义现代化先河，以异于自由主义的计划调控模式快速起飞，建立起和发达资本主义国家比肩的现代国家，并由此掀起社会主义高潮。但在两种制度的较量中，因执政党在改革中背离社会主义基本原则而落入西方和平演变的陷阱。第二次世界大战后兴起的东欧社会主义国家则因忽略自身实际照搬苏联模式导致体制僵化，后期的改革因未触及根本弊端而成效甚微，甚至出现滑坡。执政党执政能力不足最终导致国家剧变。中国特色社会主义新时代，中国式现代化的探索仍然遭受资本主义现代化的重重围困。一方面，西方极力进行舆论宣传、价值观渗透。苏联解体、东欧剧变以来，"历史终结论""社会主义失败论""中国崩溃论"等各种唱衰言论不绝于耳；西方借机大肆宣扬建基于资本逻辑之上的"普世价值"，利用话语霸权和信息不对等制造失真形象，这些严重干扰着社会主义现代化建设。另一方面，西方从实力地位出发竭力围堵打压社会主义发展。西方凭借经济、科技等领域的发展优势在利用后起社会主义国家资源和市场的同时"筑墙设垒""脱钩断链"，企图阻止社会主义国家转型升级。

党坚持走自己的路，坚定不移地在中国特色社会主义道路上推进和拓展中国式现代化。从新中国成立，中国的现代化就面临各种积极、消极的外部压力。面对与世界的巨大差距，中国在改革中没有汇入资本主义现代化的历史洪流，党始终高举旗帜，谨防颠覆性错误。邓小平强调："我们搞四个现代化建设，人们常常忘记是什么样的四个现代化，是社会主义的四个现代化。"同时"我们搞的现代化，是中国式的现代化。我们建设的社会主义，是有中国特色的社会主义"。中国特色社会主义不是对社会主义的背离，而是社会主义的具体实现形式，党始终坚持守正创新。在改革开放进程中，市场和资本机制的引入使中国的现代化获得新的动力，但也伴生一系列问题，例如市场泛化、资本无序扩张等。党正确认识二者作用，摒弃自由放任和简单拒斥的形而上思维，使市场在资源配置中发挥决定性作用的同时防止其越出作用范围，在发挥资本作为生产要素作用的同时为其设置"红绿灯"。

坚持党对一切工作的领导，把党的领导落实到党和国家事业各领域各方面各环节，确保了中国式现代化不变质、不变色、行得稳、走得远。

（三）中国共产党领导赋予中国式现代化以最大优势

"党的领导直接关系中国式现代化的根本方向、前途命运、最终成败。"中国共产党不仅指明了中国式现代化的正确方向、开辟了契合实际的发展道路、绘制了切实可行的目标蓝图，而且以其先进性赋予了中国式现代化独特优势。

一张蓝图绘到底。党的领导确保中国式现代化锚定奋斗目标行稳致远，我们党的奋斗目标一以贯之，一代一代地接力推进，取得了举世瞩目、彪炳史册的辉煌业绩。现代化是一个长期历史过程，从生产力角度来看，从工场手工业到机器大生产再到自动化、智能化，已有200多年历史，但至今尚未显露出发展上限，需在阶段性和连续性的统一中持续推进。在西方政党政治的语境下，政党更替，互相否决，政策前后不一、朝令夕改，缺乏稳定性，同时各执政党只关注短期效益，缺乏长期规划。中国共产党百余年接续奋斗，使社会主义现代化目标渐次衔接，蓝图规划逐步成为现实。

集中力量办大事。时空压缩、资源有限是后发现代化面临的普遍性难题，单纯依靠自发力量难以实现现代化。党作为现代化进程中的非经济力量，通过有计划、有组织地协调动员，高效配置资源，有效应对除数效应带来的挑战，使中国用几十年时间走完发达国家几百年走过的工业化历程，创造经济快速发展奇迹。新冠疫情这一重大突发性公共卫生事件是对国家力量的全面考验，中国共产党集中调配全国人力、物力，最大限度地保障了人民生命安全。

深化改革破阻力。党的领导激发建设中国式现代化的强劲动力，我们党勇于改革创新，坚决破除各方面体制机制弊端，为中国式现代化注入不竭动力。现代化是一个愈进愈难、不进则退的过程，在其发展中会出现动力不足、利益固化等历史性现象。西方现代化被资本捆绑，利益集团成为无法逾越的障碍。中国共产党没有自己特殊的利益，也不代表任何利益集团、任何权势团体、任何特权阶层的利益，敢于直面矛盾挑战，突破利益固化藩篱，"以伟大历史主动精神不断变革生产关系和生产力、上层建筑和经济基础之间不相适应的方

◎ 图为内蒙古通辽霍林郭勒的额仑草原水草丰美绿草如茵，多匹骏马在草原上觅食奔腾，呈现出一幅壮美和谐的生态画卷

面"，扫除发展阻力，不断塑造发展新动能新优势。

人民至上聚伟力。党的领导凝聚建设中国式现代化的磅礴力量，我们党坚持党的群众路线，坚持以人民为中心的发展思想，发展全过程人民民主，充分激发全体人民的主人翁精神。现代化是人民的事业。西方服务于少数人的现代化以牺牲多数人利益为代价，不仅难以汇集民力，反而导致社会严重撕裂。无论是中国共产党成立之初，还是成为世界第一大马克思主义执政党的今天，党深知"历史活动是群众的活动"，党的血脉、根基和力量在人民，依靠人民，集中人民力量才能实现现代化。

三、坚持中国共产党领导是中国式现代化的本质要求

党的二十大报告指出："全面建设社会主义现代化国家、全面推进中华民族伟大复兴，关键在党。"坚持党的领导是百余年奋斗得出的宝贵经验，新征程上中国式现代化进入愈进愈难、愈进愈险，不进则退、非进不可的阶段，实现安全、高质量发展必须坚持和加强党的全面领导。

（一）在社会主义轨道上推进中国式现代化需坚持党的领导

中国式现代化打破了"现代化＝西方化"的迷思，但西方固守

西方中心主义，拒斥异质性道路的探索，不断打压遏制中国共产党领导的社会主义现代化。以社会主义定向的中国式现代化被证明契合中国实际，是强国建设、民族复兴的唯一正确道路，只有坚持党的领导才能确保其沿着社会主义道路前进。

中国式现代化作为社会主义现代化的具体实践样态，是一个探索性事业，在未知领域继续推进必须坚持党的领导。进入全面建设社会主义现代化国家的新发展阶段，实现我国社会主义从初级阶段向更高阶段的迈进，实现现代化的全面提升面临一系列怎么看、怎么干的问题，"他者"经验有限，开创中国式现代化新局面，进入现代化建设的"自由王国"更是离不开党的科学部署。规模体量庞大的现代化不同于小国现代化，应对多样化的利益诉求、统筹分散化的社会资源，需要党总揽全局，协调各方。注重量的积累的阶段不同于质量并重的阶段，借助世界科技和知识存量追赶时代的阶段也不同于以原创性成果引领时代的阶段，把握时代性特征、深化规律性认识，需发挥党的历史主动精神。邓小平指出："中国由共产党领导，中国的社会主义现代化建设事业由共产党领导，这个原则是不能动摇的；动摇了中国就要倒退到分裂和混乱，就不可能实现现代化。"

中国式现代化呈现出的发展优势使资本主义和社会主义两种制度、两种意识形态的较量发生了有利于后者的转变，这种"逆势"发展引起了资本主义的恐慌。保持定力，不走偏离社会主义的邪路，必须坚持党的领导。虽然苏联将社会主义现代化带入现实，并进行了卓有成效的建设和探索，但是历经70多年发展后未能有效应对"逆流"

干扰而走向社会主义的反面。中国式现代化历史性地重启了社会主义现代化，并使之呈现出新的生机与活力，重振了社会主义信心，也为人类对更好社会制度的探索提供了中国方案，但"整个帝国主义西方世界企图使社会主义各国都放弃社会主义道路，最终纳入国际垄断资本的统治，纳入资本主义的轨道。现在我们要顶住这股逆流，旗帜要鲜明"。中国式现代化以铁的事实雄辩地证明了现代化道路多样性的必然性，消解了单一性，能否坚持社会主义正确方向直接关乎民族复兴伟业，关乎社会主义命运以及人类现代文明走向。中国共产党不仅葆有政治上的清醒和坚定，而且坚持实践上的自信和自立，以问题为导向，在守好中国式现代化本和源、根和魂的同时，积极开拓创新。只有坚持中国共产党掌舵领航，中国式现代化才能行稳致远。

（二）在"五位一体"总体布局中推进中国式现代化需坚持党的领导

"推进中国式现代化是一个系统工程，需要统筹兼顾、系统谋划、整体推进"。从不发达的初始阶段到新的历史方位，随着认识上的深化、战略上的完善和实践上的丰富，中国式现代化的总体布局逐步成型。"五位"搭建起了中国式现代化的总体框架，但要实现"一体"的联动互促，推动系统协调发展，必须坚持党的全面领导。

中国共产党不但善于破坏一个旧世界，也善于建设一个新世界。在不发达的初始条件下进行现代化建设首先要解决的是"有没有"的问题，经新中国成立 70 多年特别是改革开放 40 多年的飞速发展，物质短缺状况得到根本改变，中国式现代化要解决的问题相应地变为"好不好""优不优"。党将现代化布局由"两手抓"逐步拓展为"五位一体"，但这一形成过程恰恰表明各领域发展和经济发展不相匹配。在这一总体框架中，中国经济总量稳居世界第二，但政治文明、精神文明、社会文明和生态文明相对滞后。面对人民日益增长的美好生活需要，"不平衡不充分的发展"成为主要瓶颈，但发展失衡不会随着经济社会发展而自然消失，治理失衡有赖于主体自觉。聚焦发展中的短板、弱项，党适时转变发展观，以新发展理念把握发展、衡量发展、推动发展，在保证量的合理增长的同时统筹质的有效提升。中国式现代化因党的系统布局逐步转型升级，但尚处进行时，而非完成时，在这一布局的完善中全面提升中国式现代化需坚持党的领导。

现代化是一个系统工程，系统中的各要素不是单独运行，在协调配合中才能发挥最大效用。经济建设、政治建设、文化建设、社会建设和生态文明建设不是独立展开的，也不可能在孤立状态下获得安全、可持续发展。"高质量发展是全面建设社会主义现代化国家的首要任务。"高质量发展不只是一个经济要求，而是对经济社会发展方方面面的总要求；不仅要求各领域在现代化发展中占有一席之地，实现由低级到高级的纵向发展，而且要求各领域之间形成良性互促机制，在横向传导带动中实现整体性发展。资本主义现代化将各领域割裂开来，物的现代化是直接目的也是最终目的，其他领域的现代化则是间接产物，它们之间是一种单向作用关系，后者完全服务于前者。在这一发展框架中，各领域发展空间被资本的片面增殖需要挤占，由

高质量发展

　　高质量发展是全面建设社会主义现代化国家的首要任务。没有坚实的物质技术基础，就不可能全面建成社会主义现代化强国。必须完整、准确、全面贯彻新发展理念，坚持社会主义市场经济改革方向，坚持高水平对外开放，加快构建以国内大循环为主体、国内国际双循环相互促进的新发展格局。

　　坚持以推动高质量发展为主题，把实施扩大内需战略同深化供给侧结构性改革有机结合起来，增强国内大循环内生动力和可靠性，提升国际循环质量和水平，加快建设现代化经济体系，着力提高全要素生产率，着力提升产业链供应链韧性和安全水平，着力推进城乡融合和区域协调发展，推动经济实现质的有效提升和量的合理增长。

此造成的失衡逐步成为现代化发展的最大限制。中国共产党建构的现代化总体布局是"五位一体"统筹协调推进的布局，不否认物质文明的基础性地位，但不以牺牲其他领域的发展为代价，相反将各领域集成为有机系统，使系统中的各要素在联动中实现"1+1>2"的发展。"协调发展"是中国共产党的发展观，"系统观念"是中国共产党的方法论，五大文明一体推进离不开党的领导。

（三）在"两个大局"中推进中国式现代化需坚持党的领导

　　中国式现代化旨在推进中华民族伟大复兴，但它不是在封闭的国界线内进行，而是在世界百年未有之大变局中演绎。中国共产党自觉在宏阔的时空维度中思考民族复兴和人类进步的重大问题，是能够使中国式现代化在内外联动中朝着积极方向演进的历史主体。

中华民族伟大复兴是中国式现代化的目标指向，在由富到强的关键时期防止现代化进程被迟滞甚至中断需坚持党的领导。在成功推进和拓展中国式现代化的进程中，中华民族迎来了从站起来、富起来到强起来的伟大飞跃，这一事实确证了党的基本理论、基本路线、基本方略的正确性。民族复兴的进一步推进需以党的科学理论为指导。走向强起来的时代必然要进行具有许多新的历史特点的伟大斗争，"我们面临的各种斗争不是短期的而是长期的，至少要伴随我们实现第二个百年奋斗目标全过程"。中华民族伟大复兴是一个不可逆转的历史进程，我们比历史上任何时期都更接近、更有信心和能力实现中华民族伟大复兴，但愈是接近、愈是艰难。发展起来后曾被掩盖的问题愈益凸显，躲不开、绕不过；同时这些矛盾问题无论在内容上还是形式上都是过去所无法比拟的，可以说是风高浪急甚至惊涛骇浪的重大考验。没有强有力的组织领导能力就不能战胜来自内部和外部的重重阻力，克服来自自然和社会的各种挑战，也就不能在现代化的急剧变迁中保持发展的稳定性和连续性。党在理论和实践上的先进性确保了以中国式现代化全面推进中华民族伟大复兴。

世界百年未有之大变局构成了中国式现代化的宏阔背景。新征程上，中国所处的外部环境发生了深刻变化，迎接机遇和挑战需坚持党的领导。中国式现代化的强大外溢效应使其成为影响世界百年未有之大变局的重要变量，改写了"东方从属于西方"的格局，使世界呈现出"东升西降"态势。但这种作用力是双向的，大变局中战略机遇和风险挑战并存，不确定难预料因素增多，各种"黑天鹅""灰犀牛"事件随时可能发生，影响着中国式现代化的进一步展开。党着眼全局、着眼长远，深刻洞察时代大势，主动应变求变，化危为机，使现代化事业由被动转为主动。世纪疫情冲击叠加外部打压遏制，全球产业链供应链发生局部断裂，直接影响国内经济循环，党依据客观经济规律和发展趋势，作出构建新发展格局的重大决策，以国内大循环为主体、国内国际双循环相互促进代替资源和市场"两头在外"的发展格局。构建新发展格局不仅有效应对了来自供给、需求的压力，而且塑造了新的发展优势。面对机遇和挑战中国共产党能够顺势而为、精准施策，把握发展主动权，因而在大变局中推动中国式现代化深度演绎需坚定不移地坚持党的领导。

中国式现代化是中国共产党领导的社会主义现代化，没有中国共产党，就没有中国式现代化。中国共产党打破先验假设，坚持走自己的路，使国别地域意义上的中国的现代化真正具备自身发展逻辑和属性特质，将其提升为标识现代化新范式的中国式现代化。

第 六 章

文明新路

——中国式现代化统筹推进"五位一体"
总体布局，创造人类文明新形态

现代化是人类文明演进中的宏观趋势，是创造新型文明形态的必由之路。习近平总书记在庆祝中国共产党成立100周年大会上的讲话中指出："我们坚持和发展中国特色社会主义，推动物质文明、政治文明、精神文明、社会文明、生态文明协调发展，创造了中国式现代化新道路，创造了人类文明新形态。"这一论断深刻阐释了中国式现代化与人类文明新形态作为两个相互独立的范畴具有不同的内涵和外延。党的二十大报告将"创造人类文明新形态"纳入中国式现代化的本质要求，这表明二者是具有内在逻辑关联的辩证统一体。那么，应当如何理解和把握中国式现代化与人类文明新形态的内在逻辑关系？在人类文明形态演进的意义上，中国式现代化顺应了世界历史提出的多元现代化发展需要，以现代化文明、社会主义文明、中华文明的有机统一超越了资本主义文明。中国式现代化历史地建构起"五位一体"总体布局，为自身积聚源源不断的优质发展效能，彰显出丰厚的文明意蕴，实现了物质文明、政治文明、精神文明、社会文明、生态文明的协调发展。

一、文明形态演进意义上的中国式现代化

现代化是人类文明演化的历史载体，自地理大发现以来，欧洲社会在启蒙现代性的引领下逐渐突破了旧文明的桎梏，通过工业化大生产在世界范围内的开花结果开启了人类现代文明新纪元。但资本主义不可调和的结构性矛盾从总体上延缓了人类文明的历史进程，世界历史日益呼唤一条新的现代化道路。中国式现代化在中华文明的基础上创造了社会主义现代化的文明新形态，谱写了人类现代文明的新篇章。

（一）资本主义现代化开启的文明新纪元

文明是人类进步和开化状态的标志。历史地看，人类文明演进大致经历了 3 种形态："在'自然共同体'中以公社所有制为根基的原始文明形态，在阶级社会的'虚幻共同体'中形成的奴隶制、农奴制和雇佣劳动制螺旋上升的'对抗'和'分裂'的文明形态，在社会主义和共产主义社会的真正共同体中形成的文明形态。"当世界历史行进到 14 世纪，西欧大地一场以复兴古希腊罗马文化为口号的反封建、反神学的思想文化运动打破了封建旧制度神权至上的精神统治，文明的思想开始从中世纪封建愚昧的传统向现代过渡。与此同时，民族国家的形成为西欧经济腾飞奠定了坚实的政治基础，新航路的不断开辟使人类第一次建立起跨越大陆和海洋的世界性联系。

随着新兴资产阶级的不断壮大，进入 18 世纪，在资本逻辑的驱使下，生产方式完成了由工场手工业向机器大工业的巨变，社会生产力超越了过去一切时代生产力的总和。这一切使西欧呈现出与封建文明完全不同的文明特质：主体地位确立、理性高扬、市场经济、民主政治等，马克思用"现代文明"来指称这种与封建文明相对立的，建立在资本主义制度基础之上的文明形态。"现代化"正是这一文明变迁过程的理论表征。

循名责实，"现代化"作为"化"现代的运动，意指"人类社会从工业革命以来所经历的一场急剧变革"，这场变革在文明形态演进的意义上彰显出卓越的历史进步性。一方面，资本主义现代化一定程度上解决了生产力发展问题。"自然力的征服，机器的采用，化学在工业和农业中的应用，轮船的行驶，铁路的通行，电报的使用，整个整个大陆的开垦，河川的通航，仿佛用法术从地下呼唤出来的大量人口"，蕴藏在社会劳动中的生产力被资本充分激活，迅速膨胀的物质文明从总体上改善了人类文明的发展境况。另一方面，资本主义现代化在一定程度上解决了政治解放问题。"资产阶级在它已经取得了统治的地方把一切封建的、宗法的和田园诗般的关系都破坏了"，尽管这种政治解放并非人的解放的最后形式，"但在迄今为止的世界制度内，它是人的解放的最后形式"。总而言之，资本主义现代化推动人类跨过现代文明的门槛，开启了发展的新纪元。它"同以前的奴隶制、农奴制等形式相比，都更有利于生产力的发展，有利于社会关系的发展，有利于更高级的新形态的各种要素的创造"。但资本主义现代化创造的文明形态仍旧以"对立"和"分裂"为特征，就此而言，人类文明演进必然呼唤多元现代化。

（二）人类文明演进呼唤多元现代化

传统文明向现代文明的历史性跨越是曲折性和前进性的辩证统一，资本主义现代化囿于内在的结构性矛盾无力将人类文明牵引至合规律性与合目的性相统一的历史境地。现实的人是文明创造主体，人类文明发展必然以实现人的解放为价值目标。但资本主义生产、生活和组织方式本质上是对立的，建基于此的现代文明形态是"资本的增殖逻辑"战胜"人的发展逻辑"，在人类文明演进意义上，资本主义文明形态是

◎中国式现代化的根本指向是人民至上，不断丰富人民精神世界，促进人的全面发展。图为读者在书店里寻觅书香

有原罪的。首先，资本主义现代化使人的主体性从属于物的主体性。尽管有着发达物质文明的支撑，但价值理性的缺失却造成了精神文明的极端荒芜，人自身的存在陷入异化状态。正如马尔库塞所言，资本主义社会中人的悲惨宿命，即非自由的状态取决于人作为一种单纯的工具以及人沦为物的状况，而只有维系并不断再生产出这种状态的资本主义现代化才能结出所谓的"现代文明"果实。其次，资本主义现代化加剧了社会两极分化。资本主义文明形态中人的独立性是不完全的，是"以物的依赖性为基础的人的独立性"。资本家与劳动者"一个笑容满面，雄心勃勃；一个战战兢兢，畏缩不前"，人与人之间社会关系的对立将剥削印刻在生产、分配、流通、消费的经济循环之中。最后，资本主义现代化导致人与自然关系尖锐对立。资本逻辑支配经济社会发展的直接后果即人与自然关系持续紧张和恶化，竭泽而渔式的资源开发、焚薮而田式的生态利用致使各类全球性生态危机事件频发，人类文明遭受大自然的严重反噬。历史已经表明，资本主义绝非人类现代文明的唯一形态，人类文明演进亟须一条超越资本主义的现代化道路。

普遍性是现代化的本质规定，步入现代文明国家序列是各国家和民族念兹在兹的奋斗目标。但现代化的普遍性并不是抽象的普遍，而是"自身还包含着特殊东西的丰富性的普遍"。各国家和民族由于风俗习惯、地理环境、文化传统的迥异，走向现代化的道路也呈现出多元化特征。从经济形态来看，"各国现代化走过的道路形形色色，可大体分为'资本主义类型''社会主义类型''混合类型'"，走资本主义现代化道路的国家又可区分为多种不同的发展模式。例如，以商业资本主义为经济体系主体，依靠强大军事力量垄断海上贸易的"荷兰模式"；以工业资本主义为经济体系主体，凭借强大经济和科技实力对其他发达国家确立某种支配关系的"英国模式"；通过内战和剥夺原始居民土地完成制度革新，以广阔的国土、移民和科技汇聚起工农业和贸易发展强劲动力的"美国模式"等。这些现代化模式不尽相同，却共同勾勒出资本主义文明形态的基本轮廓——"建立在劳动奴役制上的罪恶的文明"。马克思基于对资本主义社会的深入剖析，阐证了以社会主义文明变革人类文明形态的历史必然性。社会主义文明在价值选择上突破了"西方与东方""进步与落后""文明与愚昧""城市与乡村"在现代化建设中的二元对立，并随着苏联、中国等社会主义国家的崛起不断增强自身感召力。苏联模式一度成为人类文明的吉兆，但在多种历史因素的共同作用下，苏联社会主义文明形态的不成熟性逐渐暴露，用邓小平的话来说："社会主义究竟是个什么样子，苏联搞了很多年，也并没有完全搞清楚。"中国式现代化在深刻洞察社会主义本质的基础上实现了对资本主义文明形态和苏联社会主义文明形态的扬弃和超越，在马克思主义基本原理同中国具体实际、同中华优秀传统文化相结合这"两个结合"中广泛汲取人类文明优秀成果，将建设中华民族现代文明的使命任务落到了实处。

（三）中国式现代化是中华文明与社会主义现代化的有机统一

中国的现代化进程是历史向世界历史展开的重要组成部分，它之所以在世界历史层面凸显出重大意义，正是因为中国式现代化"在完成现代化任务的同时，在占有现代文明积极成果的同时，正在开创人类文明的新形态"。中国式现代化是中国共产党领导的社会主义现代化，对社会主义道路的选择既是特定历史条件下实现民族独立的最有效方案，亦是重拾中华文明主体性的必由之路。受制于资本逻辑构建的"中心—外围"世界体系，近代中国重走资本主义现代化道路于主观上已为国人所拒斥，于客观上也因"先生老是侵略学生"而行不通。半殖民地半封建社会的旧中国唯有通过一场新民主主义—社会主义性质的革命运动方能获取建设现代化的历史主动，日渐式微的中华

文献学习

　　坚定文化自信。自信才能自强。有文化自信的民族，才能立得住、站得稳、行得远。中华文明历经数千年而绵延不绝、迭遭忧患而经久不衰，这是人类文明的奇迹，也是我们自信的底气。坚定文化自信，就是坚持走自己的路。坚定文化自信的首要任务，就是立足中华民族伟大历史实践和当代实践，用中国道理总结好中国经验，把中国经验提升为中国理论，既不盲从各种教条，也不照搬外国理论，实现精神上的独立自主。要把文化自信融入全民族的精神气质与文化品格中，养成昂扬向上的风貌和理性平和的心态。

　　——摘录自《在文化传承发展座谈会上的讲话》，2023年6月2日

文明唯有沿着社会主义道路"修文德以来之",升华为现世文明的典范,才能实现带有高度主体性的文明复兴。在此种意义上,中国式现代化成为代表先进文化前进方向的人类文明新希望。一是中国式现代化彰显出价值理性与工具理性有机融合的理性意蕴。中国式现代化重新赋予价值理性对工具理性在立场与方向上的统领意义,既追求工具理性的效益、效率,同时坚守价值理性的目的之善。二是中国式现代化彰显出实现人的自由全面发展的价值意蕴。人的自由全面发展是人与自然、人与社会、人与自身的高度协调,以全方位现代化的"并联式"推进为依托。中国式现代化布展于经济社会发展的方方面面,是全体人民共同富裕、人与自然和谐共生、物质文明和精神文明协调发展的现代化,也是人的自由全面发展价值诉求不断实现的现代化。三是中国式现代化彰显出多元文明美美与共的发展意蕴。中国式现代化的深入推进为破解诸多世界性现代化难题提供了新思路,构建人类文明共同体日益成为国际社会的共同呼声。

党的二十大报告指出,中国式现代化"既有各国现代化的共同特征,更有基于自己国情的中国特色"。这表明,中国式现代化继承并发展了源远流长的中华优秀传统文化,是中华文明的重要载体。通过将马克思主义基本原理同中国具体实际相结合、同中华优秀传统文化相结合,中国式现代化使"讲仁爱、重民本、守诚信、崇正义、尚和合、求大同"的中华文明获得了新生,使中华文明的强大的生命力得到了真正展现。

二、"五位一体"是中国式现代化布展的总体格局

经济建设、政治建设、文化建设、社会建设、生态文明建设同步推进是中国式现代化的实践表达，是社会主义本质逻辑与文明超越逻辑的辩证统一。"五位一体"总体布局的形成并非一蹴而就，而是经历了从"两个文明一起抓"到"五个文明"协调发展的历史演进。党的十八大以来，中国式现代化"五位一体"总体布局的整体协同性进一步增强，以部分的互济互补为整体创造出"1+1>2"的优质发展效能。

（一）"五位一体"总体布局的形成过程

"五位一体"总体布局体现了中国式现代化的动态发展性。新中国成立之初，在平稳度过了国民经济迅速恢复期以及顺利完成三大改造后，中国的现代化建设被提上发展日程。中国共产党人意识到，百废待兴的新中国亟须解决的是物质生产力落后的问题，以工业化建设为突破口，中国开始独立自主地探索适合自身的现代化道路。社会主义革命和建设时期，在"四个现代化"战略目标的指引下，中国逐步建立起独立的比较完整的工业体系和国民经济体系，"为现代化建设奠定根本政治前提和宝贵经验、理论准备、物质基础"。改革开放

以来，随着"一个中心、两个基本点"基本路线的确立，中国式现代化在物质文明层面取得了巨大成就，与此同时，精神文明层面的短板也日益凸显。党的十二大首次从战略高度提出"在建设高度物质文明的同时，一定要努力建设高度的社会主义精神文明"的现代化发展目标，这标志着中国式现代化"两位一体"总体布局的形成。20世纪90年代，面对世界社会主义运动的持续低迷以及国内社会思想观念深刻变化，政治建设成为推进中国式现代化的主要抓手。2002年，江泽民在中央党校省部级干部进修班毕业典礼上的讲话中系统总结了改革开放以来我国民主政治建设的历史经验，指出"发展社会主义民主政治，建设社会主义政治文明，是社会主义现代化建设的重要目标"。以经济、政治、文化"三位一体"的实践布局建构起物质文明、政治文明、精神文明相互融通的文明系统。进入21世纪，在中国新一轮的改革开放浪潮中，社会结构剧烈变动引发了城乡差距扩大、贫富分化严重、社会公共服务滞后等问题，对国家治理体系和治理能力提出更高要求。2005年，胡锦涛在省部级主要领导干部提高构建社会主义和谐社会能力专题研讨班上的讲话指出，"构建社会主义和谐社会，同建设社会主义物质文明、政治文明、精神文明是有机统一的"，中国共产党致力于通过构建和谐社会来为中国式现代化创造有利的社会条件。至此，中国式现代化的总体布局由"三位一体"拓展为"四位一体"。随着社会生产力不断释放，中国式现代化在快速创造社会财富的同时不可避免地造成了环境污染、资源浪费、生态破坏等问题。如何妥善处理经济建设与环境保护之间的关系、人与自然之间的关系便成为推进中国式现代化的一道"必答题"。2007年，党的十七大报告提出"基本形成节约能源资源和保护生态环境的产业结构、增长方式、消费模式"，推动生态文明建设高质量开展。2012年，党的十八大报告正式将生态文明建设提升到总体布局的战略高度，形成了"五位一体"的中国式现代化总体布局，标志着中国式现代化理论建构和实践创造的日渐成熟。

进入新时代，随着我国社会主要矛盾转变为人民日益增长的美好生活需要和不平衡不充分的发展之间的矛盾，中国式现代化在理论与实践的良性互动中不断作出战略调整，创造了"五个文明"协调发展的人类文明新形态。

（二）"五位一体"总体布局的优质效能

"五位一体"总体布局体现了中国式现代化的系统性和全面性。在马克思看来，"现在的社会不是坚实的结晶体，而是一个能够变化并且经常处于变化过程中的有机体"，社会内部各要素的相互影响和相互作用为有机体汇聚起源源不断的优质发展效能。从功能上看，"五位一体"总体布局中各个部分具有不同定位，承担不同角色。经济建设是根本，物质文明的长足发展为中国式现代化奠定坚实的物质基础。政治建设是保障，政治文明的不断升华为中国式现代化指引正确的发展方向。文化建设是灵魂，精神文明的持续繁荣为中国式现代化提供牢固的精神支撑。社会建设是条件，社会文明的长治久安为中国式现代化创造稳定的内部环境。生态文明建设是基础，生态文明的深入推进为中国式现代化提供优良的生态条件。这些要素统一于富强民主文明和谐美丽的社会主义现代化强国建设中，创造出中国式现代化的"文明价值集合体"。从形式上看，经济建设、政治建设、文化建设、社会建设、生态文明建设是"并联式"的协同推进，"五个文明"相互协调、相互促进，为全面建设社会主义现代化国家赋能强基。应当注意的是，"五位一体"总体布局在方法论层面坚持两点论和重点论的统一，既着力抓住"五大领域"建设这个主要矛盾，同时也指向

◎统筹推进"五位一体"总体布局，新时代中国特色社会主义事业必将越来越红火。图为2023年8月10日，贵州晴隆举办"中国·晴隆第十三届彝族火把节"，游客和彝族群众围着篝火载歌载舞

经济社会的方方面面。农业农村现代化、教育现代化、国防和军队现代化、科学技术现代化……都是中国式现代化涵盖的发展领域。

中国式现代化统筹推进"五位一体"总体布局，破解了在"时空压缩"条件下如何有效推进现代化建设的时代难题。"时空压缩"是中国式现代化的独特时代境遇。不同于已经基本实现现代化的西方发达国家，中国是在前者已经进入系统反思现代化，继而探寻如何步入"后现代"的发展阶段之时大步迈开现代化建设步伐的。这意味着，西方发达国家用二三百年走完的现代化道路，中国要压缩到几十年的时间走完，西方发达国家在二三百年现代化历程中依次出现的各种问题，在中国将压缩到较短时间内相互交织出现。按照党中央的决策部署，21世纪中叶中国将全面建成社会主义现代化强国，只有在发展效能上下功夫，中国式现代化才能完成这一艰巨任务。"五位一体"总体布局使中国式现代化呈现出渐进性、并联式、螺旋式的发展态势，打开了经济高质量发展、全过程人民民主、中国特色社会主义文化大发展大繁荣、社会公平正义良善、生态环境健康清洁美丽的文明格局，"攻克了许多长期没有解决的难题，办成了许多事关长远的大事要事，推动党和国家事业取得举世瞩目的重大成就"。

三、中国式现代化的丰厚文明意蕴

从现代化的全景图示来看，无论是批判还是赞扬，不可否认的是资本主义现代化的先行示范对人类现代文明形成和发展有着深刻影响。同样不可否认的是，建基于资本主义之上的现代文明无法走出物欲泛滥、精神贫困、两极分化等重重困境。中国式现代化立足中国发展实际，在广泛汲取各国现代化经验的基础上扬弃并超越了资本主义现代化，彰显出丰厚的文明意蕴。

（一）共同富裕的物质文明

物质生活资料的生产是一切人类历史的基本前提，在人类文明的诸多向度中，物质文明从根本上规定了人类文明发展的高度。政府与市场是物质文明发展的两大推手，就协调二者在资源配置中的关系而言，"从斯密'守夜人'式小政府，到'从摇篮到坟墓'无所不包的'父爱主义'大政府，人类沿着这一谱系进行了全方位的探索"。进入 21 世纪，资本主义国家大多采用"自由市场＋最小国家"模式推动物质文明发展，不仅没有达到预期效果，反而加重了社会两极分化，"富者愈富、穷者愈穷"成为资本主义现代化的真实写照。美联储的财富分布情况报告显示：截至 2021 年第二季度，收入最高的 1% 美国家庭总净资产为 36.2 万亿美元，首次超过占人口总数 60% 的中等收入家庭的总净资产（35.7 万亿美元）；美国 70% 的财富集中在收入前 20% 的家庭中。中国式现代化统筹推进"五位一体"总体布局，兼顾有效市场和有为政府，创造出共同富裕的物质文明，超越了西方以资本为内核的现代化。

一方面，中国式现代化依托社会主义制度的优越性，扫清了社会生产力高速发展的制度性障碍。中国式现代化实现了市场经济与计划经济的有机结合，以有效市场充分激发经济活力，在保持经济总量稳步增长的同时着力推动高质量发展，以有为政府驾驭引导资本健康发展，确保国家安全和国民经济平稳运行，创造了经济快速发展和社会长期稳定的世界奇迹。另一方面，中国式现代化坚持以人民为中心的价值立场，在做大"蛋糕"的同时分好"蛋糕"，强调在实现共同富裕的道路上"一个也不能掉队"。中国式现代化着力解决发展不平衡不充分问题和人民群众急难愁盼问题，在中华大地上历史性地完成了脱贫攻坚、全面建成小康社会的历史任务，为"全体人民共同富裕取得更为明显的实质性进展"奠定了更为坚实的物质基础。

（二）全过程人民民主的政治文明

政治民主化是世界现代化的普遍规律，以大历史观观之，民主既是作为手段的国家制度，也是作为目的的价值理念。在人类政治文明史上，资本主义政治文明的历史进步意义自不待言，在反对宗教神学和封建专制的浪潮中，资本主义"实现了由专制到'民主'、由奴役到'自由'的历史性转折"。资本主义现代化开创的"选举民主"一度为诸多国家所效仿，但实质上，作为西方民主象征的选举只是资产阶级控制和奴役人民的手段，"民有、民治、民享"只停留在理论层面。人民只有投票的权利而没有广泛参与的权利，人民只有在投票时被唤醒、投票后就进入休眠期，在现实中选举获胜的前置条件几乎已经将所有普通民众排除在外。因此，列宁一针见血地指出："资本主义社会里的民主是一种残缺不全的、贫乏的和虚伪的民主，是只供富人、只供少数人享受的民主。"

民主的真谛在于人民当家作主，中国式现代化超越了西方的党争民主和否决型政治，坚持将科学社会主义基本原则同中国具体实际相结合，开创了全过程人民民主的政治文明。一方面，全过程人民民主有效规避了"选举时漫天许诺、选举后无人过问"的表演型政治，将人民民主发挥作用的程序和空间拓展至民主选举、民主协商、民主决策、民主管理、民主监督全过程，实现了过程民主和成果民主、程序民主和实质民主、直接民主和间接民主、人民民主和国家意志的高度统一。另一方面，全过程人民民主通过中国共产党领导的多党合作和政治协商制度规避了西方党争政治造成的持续治理熔断，以"接力赛"的方式将人民当家作主落到实处。

（三）以社会主义核心价值观为引领的精神文明

价值观是生产关系在价值领域的集中反映，是精神文明的内核。资本主义核心价值观集中表现为个人主义，"资产阶级的思想家、政治家从资本主义社会的经济关系中凝练出'自由、民主、人权'的价值观念，通过《独立宣言》《人权宣言》等方式赋予其资本主义社会核心价值观的法定地位"。在走向现代化过程中，发达资本主义国家通过话语设计将资本主义核心价值观加工为"普世价值"，将其作为在国际范围内谋取自身利益、干涉他国内政的意识形态工具。从特点上看，"普世价值"具有抽象性、模糊性和扩张性。"普世价值"

以抽象的人性论为基础，无视时代的变迁、民族的差异以及发展阶段的变化，因而不论在理论上还是实践上都只能是虚伪的。同时，"普世价值"内在地包含并奉行双重标准，在宣扬"人权至上"等价值观念的同时又对其进行背离和自我否定，从而导致"普世价值"由单纯的学术概念蜕变为资本主义国家实行强权政治的手腕。要言之，资本主义现代化创造的精神文明使资本的价值凌驾于社会的价值之上，是具有特殊资产阶级性质的价值观，只会将人类现代化引入歧途。

中国式现代化始终坚持提升人民地位、维护人民尊严，凸显人民价值，促进人民更好地维护和实现自身根本利益，形成了以"富强、民主、文明、和谐，自由、平等、公正、法治，爱国、敬业、诚信、友善"为主要内容的社会主义核心价值观。中国式现代化以社会主义核心价值观凝聚民族共识、增强历史自信、夯实群众基础，将精神力量转化为物质力量，取得了现代化建设的重大成果。在社会主义核心价值观的引领下，中国式现代化积极构建人类命运共同体，"在坚定维护世界和平与发展中谋求自身发展，又以自身发展更好维护世界和平与发展"，为人类文明进步作出了重大贡献。

（四）共建共治共享的社会文明

现代化的顺利推进离不开稳定的内外环境，依托公权力展开高效的社会治理，通过不断解决社会主要矛盾为现代化奠定和谐稳定的发展基调是世界各国的普遍经验。表征个人与社会关系历史性进步的社

"平安中国"建设护佑中国平安

新时代平安中国建设体制机制逐步完善，人民获得感、幸福感、安全感更加充实。

当前，我国每10万人中命案数为0.56，是命案发案率最低的国家之一；每10万人中刑事案件数为339，是刑事犯罪率最低的国家之一；持枪、爆炸案件连续多年下降，是枪爆犯罪最少的国家之一；2020年，全国刑事立案总量已实现5年连降，8类主要刑事案件和查处治安案件数量已实现6年连降。

2018—2020年，全国共打掉涉黑组织3644个、涉恶犯罪集团11675个，打掉的涉黑组织是前10年总和的1.28倍，查处涉黑涉恶腐败和保护伞问题8.97万起、立案处理11.59万人，排查整顿软弱涣散村党组织5.47万个，排查清理存在"村霸"、涉黑涉恶等问题的村干部4.27万名。

2020年，全国法院受理的诉讼案件总数、民事诉讼案件数在持续增长15年之后首次实现"双下降"。近年来，全国信访总量明显下降，集体访总量已连续11年下降。

紧紧围绕打击突出违法犯罪，开展"云剑""净网""净边""断卡""猎狐"等专项行动，集中打击跨境赌博、涉枪爆等违法犯罪，持续向电信网络诈骗、非法集资、"盗抢骗"等违法犯罪"亮剑"。

会文明既是现代化的发展前提，亦是现代化的检验标准。迄今为止，资本主义经历了不同的发展阶段，但其基本矛盾并未发生变化。生产的社会化和生产资料私人占有之间的矛盾使现代化创造的社会财富始终被一小部分人所占有，这导致生产过剩和消费不足的现象同时出现，经济危机和治理危机频繁发生。近年来，西方社会出现了诸多治理乱象，例如"占领华尔街"运动、"茶党"运动、特朗普现象、"桑德斯旋风"，英国脱欧、伦敦骚乱，法国巴黎的"黑夜站立"运动、长期罢工、"黄马甲"等，从本质上看，正是"资本主义经济危机的政治效应和社会效应"。由此可见，只有突破资本逻辑的限囿，人类社会文明才能发展进步。

中国式现代化着力构建社会主义和谐社会，力图以新型的人际关系和社会关系为人的发展和美好生活营造优良的社会环境，大力加强并创新社会治理体系和治理能力现代化建设，开创了共建共治共享的社会文明。在世界百年未有之大变局下，中国式现代化创造了社会长期稳定的奇迹，"中国之治"与"西方之乱"形成鲜明对照。共建共治共享的逻辑主线是"共同"，彰显了人民的主体性，强调社会治理的行为由多元社会主体共同实施、社会治理的过程由全体人民共同参与、社会治理的结果由全体人民共同享有。党的二十大报告提出"发展壮大群防群治力量，营造见义勇为社会氛围，建设人人有责、人人尽责、人人享有的社会治理共同体"，这是中国式现代化在新发展阶段对建设社会主义社会文明提出的新要求，明确了在国家同社会的良性互动中推进中国式现代化的目标指向。

（五）人与自然和谐共生的生态文明

现代化作为一个整体性概念，除了包含经济基础和上层建筑，还包括生态环境等"软实力"及自然因素。"发展方式变迁及其所带来的生存方式革命从深层次上决定文明形态变革"，不同生产方式在生态文明领域的展开创造出具有不同伦理价值取向的生态文明。现代资本与生态文明是内在抵牾的，在资本主义现代化的历史进程中，由于对自然过度索取和破坏而造成的严重生态危机案例屡见不鲜。伦敦光化学烟雾事件、日本水俣病事件、印度博帕尔事件等反复地提醒人们，资本无限增殖的欲望与自然有限性的客观事实不可能实现和解。正如美国学者戴维·哈维在《正义、自然和差异地理学》一书中所言："对于污染问题只有一个解决办法：那就是把它们移来移去。"为了推进现代化，资本主义国家将目光转向发展中国家，在以全球空间生产方式掠夺消耗发展中国家宝贵资源的同时，不断向其转嫁生态污染。这种受资本逻辑宰制的生态文明现代化是一种深层非正义现代化，其创造的生态文明是以牺牲发展中国家生态安全为代价的深层非正义生态文明。

中国式现代化坚持以马克思主义生态文明观审视人与自然关系问题，坚定不移走生产发展、生活富裕、生态良好的文明发展道路，开创了人与自然和谐共生的生态文明。马克思指出："被确定为与人分隔开来的自然界，对人来说也是无。"理解人与自然关系的枢纽就在于理解人从未走出自然，人与自然是生命共同体。中国式现代化以绿水青山就是金山银山的发展理念统筹推进"五位一体"的现代化发展，通过构建绿色生产方式、形成绿色产业体系实现物质文明和生态文明的辩证统一；通过完善绿色制度体系和绿色法治保障，实现政治文明和生态文明的共同繁荣；通过发展绿色文化事业及文化产业，实现精神文明和生态文明的和谐共生；通过倡导绿色生活方式、提升生态环境治理水平，实现社会文明和生态文明协调发展。总而言之，中国式现代化超越了资本逻辑与生态帝国主义，开辟了经济高质量发展和绿色发展协同推进的新路径。

第七章

和合共生

——中国式现代化推动构建人类命运共同体

中国式现代化是基于中国与世界关系历史性变化以及人类社会命运与共时代特征的伟大创造，中国式现代化的自主性推进彰显出丰厚的世界意蕴。正如习近平总书记所指出的："我们追求的不是中国独善其身的现代化，而是期待同广大发展中国家在内的各国一道，共同实现现代化。世界现代化应该是和平发展的现代化、互利合作的现代化、共同繁荣的现代化。"党的十八大以来，中国式现代化不仅推动中华民族伟大复兴进入不可逆转的历史进程，同时也为世界上更多国家实现现代化提供了新的选择，实现了对世界现代化理论和实践的重大创新。党的二十大报告将"推动构建人类命运共同体"纳入中国式现代化的本质要求，同时强调"构建人类命运共同体是世界各国人民前途所在"，深刻阐述了中国式现代化与世界现代化的休戚与共。当前，世界百年未有之大变局加速演进，国际力量对比深刻调整，应当如何理解和把握中国式现代化是为人类谋进步、为世界谋大同的现代化？囿于资本主义的结构性矛盾，世界现代化逐渐陷入经济凋敝、政治动荡、社会混乱的泥沼。相形之下，中国式现代化的成功开辟了一条与资本主义现代化截然不同的发展道路，创造了人类文明新形态。这条道路内在地将世界凝结成为一个你中有我、我中有你的命运共同体，以中国式现代化推动构建持久和平、

普遍安全、共同繁荣、开放包容、清洁美丽的美好世界，获得了海内外的广泛赞誉。

一、世界现代化历程中的中国式现代化

现代化是人类社会发展的必然趋势，中国式现代化是世界现代化的重要组成部分。在资本逻辑主导下的现代化既促成了人类文明位阶的升华，又为人类社会发展遗留了诸多棘手问题。中国共产党团结带领中国人民开创出中国式现代化道路，展现了不同于西方现代化模式的新图景，为世界现代化走出困境注入新活力。

（一）现代化创造了一个文明的世界

在概念的规范含义上，"中国式现代化"是指在中国这个特定时空范围内展开的现代化样式。中国独特的国家处境、历史脉络和文化传统固然构成理解中国式现代化的主轴线，但以大历史观观之，世界现代化进程是考察中国式现代化不容忽略的发生基础。作为一种崭新的价值追求，现代化早已成为时代的"文明的形式"。从总体上看，世界现代化进程中最具价值的稳定存在是理性、平等、进步、繁荣四大发展理念。世界现代化缘起于理性的启蒙和解放，这使得人们的社会生产活动、日常生活方式日益走向"合理化"。面对来自宗教神权的奴役和压迫，西欧大地开始萌生"上帝面前人人平等"的信念，并随着新兴资产阶级的兴起爆发了一系列争取平等权利的深刻革命。诚然，资产阶级追求的"平等"具有阶级局限性，但思想的解放打破了中世纪以来人们对历史发展持有的循环观念和悲观态度，一种积极的、追求进步的世界观开始形成。随着资本主义大工业的兴起，现代化以前所未有的姿态推动人类文明走向繁荣，"市场化""城市化""工业化""民主化"相继升华为时代的典型特征，继之而来的"全球化""网络化""智能化""生态化"更是表明，人类已经跨过现代文明的门槛，建立起资本主义现代化的文明形态。总而言之，理性、平等、进步、繁荣是世界现代化的基本精神和价值标尺，"谁违背了这一普遍目的和鲜明理念，谁就是违背了人类社会发展的根本目的，悖逆了世界现代化的价值取向"。正因如此，世界现代化必然会扬弃和超越以追逐剩余价值最大化为目的的资本逻辑，向着实现"人的自由全面发展"的共产主义不断迈进。

（二）现代化衍生出新的世界性问题

当世界现代化行进到以资本主义大工业为动力机制的发展阶段，随资本增殖而来的时间加速和空间扩张，一方面，推动历史转变为世界历史，使社会生产力呈几何级数增长，为"更高级的新形态的各种要素的创造"奠定了物质基础。另一方面，资本逻辑的结构性矛盾造成了种种"非文明"后果。一是劳动者畸形片面的发展。资本家"'零敲碎打地偷窃'工人吃饭时间和休息时间"，"贫困剥夺了工人必不可少的劳动条件——空间、光线、通风设备等等，就业越来越不稳定"，使劳动者深陷被奴役、被剥削的悲惨境地。二是生态危机的层出不穷。资本主义生产方式对自然界的过度索取"在社会的以及由生活的自然规律所决定的物质变换的联系中造成一个无法弥补的裂缝"。伴随着资本的无序扩张，这种物质变换"断裂"的影响也不断扩大，表现为全球性的生态危机。三是社会分化的日益严重。生产者与生产资料相分离是资本主义生产方式的前提，通过资本循环占有雇佣劳动创造的剩余价值必然导致财富与贫困的两极积累。一极是愈来愈富有的资本家，一极是愈来愈贫困的劳动者，这种对抗性发展到一定阶段"会使人们认识到资本本身就是这种趋势的最大限制，因而驱使人们利用资本本身来消灭资本"。总而言之，世界现代化种种乱象的根源即在于生产资料私人占有同社会化大生产之间不可调和的结构性矛盾，只有祛魅资本逻辑对世界现代化的非理性主导，实现从资本逻辑到人的逻辑的历史性跨越，世界现代化才能继续肩负起推动人类文明进步的历史使命。中国式现代化正是在驾驭资本的基础上扬弃和超越资本逻辑的现代化。

（三）中国式现代化为世界现代化走出困境注入新活力

中华民族对现代化的艰难求索始于 19 世纪 40 年代，受西方早发内生型现代化垂范效应的影响，中国一度师法欧美，效仿资本主义现代化。但无视国情、生搬硬套的致思路径并未从根本上使中国获得现代化的内生性力量。中国共产党成立后，中国开始以俄为师，走俄国人的现代化道路。但囿于历史的局限性，新中国成立之初我们"在相当程度上'再版'了苏联模式的现代化道路"。改革开放以来，与世界现代化弊端丛生、后劲不足形成鲜明对照的是，中国通过一系列政策转向实现了对资本的驾驭，中国式现代化以惊人的速度彻底改变了中国的面貌，为世界现代化走出困境注入了新活力。一方面，中国式现代化打破了"现代化＝西方化"的迷思，拓展了发展中国家走向现代化的路径选择，为人类对更好社会制度的探索提供了中国方案。党的二十大报告总结了中国式现代化的"中国特色"，包括人口规模巨大的现代化、全体人民共同富裕的现代化、物质文明和精神文明相协调的现代化、人与自然和谐共生的现代化、走和平发展道路的现代化。这表明，中国式现代化是一条崭新的现代化发展道路，它实现了中华文明与社会主义现代化的有机统一，奉行"人民至上"的发展理念，在否定之否定意义上为世界现代化化解"物质主义失控""精神文明失范""社会治理失效"等危机提供了经验和智慧。另一方面，中国式现代化以其独有的价值观念和实践成就实现了"对世界现代化理论和实践的重大创新"。党的十八大以来，通过进一步深化对世界现代化发展规律以及中国式现代化内涵和本质特征的认识，中国共产党初步构建起中国式现代化的理论体系，对世界现代化走出困境具有重大价值意义。例如，构建人类命运共同体从理论到现实的转变充分凝结了世界各国家和民族的合力；中国发出的全球发展倡议、全球安全倡议和全球文明倡议越来越成为国际社会的共同认知和行动主张，在维护国际秩序的公平与正义、推动并促进世界的和平与发展上发挥了重要作用。

知言明理

全球发展倡议、全球安全倡议、全球文明倡议

中国提出全球发展倡议、全球安全倡议、全球文明倡议，为解答事关人类和平与发展这一重大问题提供了中国方案。

全球发展倡议，最根本的目标是加快落实联合国2030年可持续发展议程，最核心的要求是坚持以人民为中心，最重要的理念是倡导共建团结、平等、均衡、普惠的全球发展伙伴关系，最关键的举措在于坚持行动导向，推动实现更加强劲、绿色、健康的全球发展，共建全球发展共同体。

全球安全倡议，目的是同国际社会一道，弘扬联合国宪章精神，倡导以团结精神适应深刻调整的国际格局，以共赢思维应对各种传统安全和非传统安全风险挑战，走出一条对话而不对抗、结伴而不结盟、共赢而非零和的新型安全之路。

全球文明倡议，共同倡导尊重世界文明多样性，共同倡导弘扬全人类共同价值，共同倡导重视文明传承和创新，共同倡导加强国际人文交流合作。

二、中国式现代化民族性与世界性的辩证统一

民族性与世界性的辩证统一是中国式现代化本质要求蕴含的规律体系。从形成和发展的条件来看，中国式现代化是内部条件与外部条

件的辩证统一。从涵盖的主要内容和特征来看，中国式现代化是民族内容与世界内容的辩证统一。从产生的影响和价值来看，中国式现代化是中国意义和世界意义的辩证统一。中国式现代化与世界现代化相伴相生，在"东升西降"的世界格局演变中，中国式现代化正日益成长为引领世界现代化的中坚力量。

（一）中国式现代化是内部条件与外部条件的辩证统一

在哲学意义上，所谓"条件"，指的是制约和影响事物存在、发展的外在因素，与"根据"相对应。20世纪80年代以来，"和平与发展"成为时代主题，世界各国纷纷聚焦现代化建设，掀起了世界现代化的第三次大浪潮。与此同时，中国牢牢抓住时代的契机，确立了"领导和团结全国各族人民，以经济建设为中心，坚持四项基本原则，坚持改革开放，自力更生，艰苦创业，为把中国建设成为富强、民主、文明的社会主义现代化国家而奋斗"的基本发展路线，既顺应了世界现代化趋势，又逐步建构起实现现代化的内生性力量。中国式现代化立足社会主义初级阶段基本国情，统筹国内各项资源禀赋，制定了科学的现代化发展战略。同时不断吸收借鉴人类文明先进成果，积极引进国外资金、技术和管理方式，加快融入世界现代化浪潮的步伐。1992年，邓小平提出："计划经济不等于社会主义，资本主义也有计划；市场经济不等于资本主义，社会主义也有市场。计划和市场都是经济手段。"这就为社会主义市场经济体制的确立奠定了理论基础。随着经济体制改革的全面推行，中国式现代化为资本设置了"红绿灯"，既充分发挥"有效市场"

对社会资源配置的决定性作用，又着力建设"有为政府"，保障社会公平正义。正是基于内部条件与外部条件的辩证统一，中国式现代化形成了以国内大循环为主体、国内国际双循环相互促进的新发展格局，以自身的高质量发展为世界现代化不断创造新的机遇。

（二）中国式现代化是民族内容与世界内容的辩证统一

中国式现代化是马克思主义基本原理同中国具体实际相结合、同中华优秀传统文化相结合的重大成果，也是反思和总结世界现代化经验教训开辟出的文明新路。就中国式现代化的民族内容而言，一者，中国式现代化以解决中国社会主要矛盾为动力机制。从改革开放新时期聚焦"人民日益增长的物质文化需要"到中国特色社会主义新时代立足"人民日益增长的美好生活需要"，中国式现代化准确把握各个历史时期社会主要矛盾的变迁，不断拓展发展的新空间。二者，中国式现代化以实现社会主义现代化和中华民族伟大复兴为目标指向。党的十九大报告在擘画中国特色社会主义宏伟蓝图时指出，"坚持和发展中国特色社会主义，总任务是实现社会主义现代化和中华民族伟大复兴"。这里的社会主义现代化即中国共产党领导的以中华民族为主要载体的现代化，这里的民族复兴指的是中华文明的时代复兴，具有鲜明的民族性特征。就中国式现代化的世界内容而言，中国式现代化肩负起马克思主义"实现共产主义、解放全人类"的世界历史使命，继承并发扬中华优秀传统文化"大同世界"的天下观，以自身的发展更好地推动世界发展。新中国成立之初，毛泽东提出"中国应当对于人类有较大的贡献"；改革开放以来，邓小平提出中国式的"四个现代化"要"对人类作出比较多一点的贡献"。进入新时代，中国式现代化更是"始终把为人类作出新的更大的贡献作为自己的使命"，不断提高对外开放水平，以中国的发展为世界提供更多机遇；践行真正的多边主义，推动构建新型国际关系；坚持经济全球化正确方向，与世界各国共同培育全球经济发展新动能；积极参与全球治理体系改革和建设，推动全球治理朝着更加公正合理的方向发展；等等，对世界产生重大积极影响。

（三）中国式现代化是中国意义与世界意义的辩证统一

历史已经证明，中国式现代化是一条走得通、行得稳的正道，是强国建设、民族复兴的唯一正确道路，彰显出丰厚的中国意义和世界意义。一方面，中国式现代化的成功标志着中国探索出了一条与中国具体实际相适应、独具中国特色的现代化道路。在中国共产党的领导下，中国式现代化以社会主义市场经济为依托，推动全体人民共同富裕取得实质性进展，实现了物质文明和精神文明相协调，促进人与自然和谐共生，用几十年时间走完了西方发达国家几百年走过的工业化历程，创造了经济快速发展和社会长期稳定两大奇迹，为中华民族伟大复兴开辟了广阔前景。另一方面，中国式现代化在汲取资本主义现代化文明成果的同时超越了资本逻辑主导的现代性本身，开创了人类文明新形态。中国式现代化创造的人类文明新形态是没有剥削、没有压迫的更高级文明形态，它的成功将使 14 亿多人口整体迈进现代化

◎萌草技术是我国拥有完全自主知识产权的原创技术，在减贫惠民、荒漠化治理等多方面发挥了重要作用，为全球可持续发展提供了"中国智慧"。图为位于卢旺达南方省胡耶市的中国援卢农业技术示范中心及萌草养殖试验田

社会，彻底改写现代文明的世界版图，为人类进步与解放事业作出巨大贡献。中国式现代化创造的人类文明新形态是实现全体人民共同富裕的更高质量的文明形态，1979—2018 年，中国经济以年均 9.4% 的速度快速发展，成为全球经济增长的重要引擎。特别是党的十八大以来，中国贯彻新发展理念，经济发展的质量和效益不断提升。2013—2018 年，中国对世界经济增长的平均贡献率超过 28.1%，对推动世界经贸复苏、维护全球产业链供应链稳定发挥了不可替代的重要作用。中国式现代化创造的人类文明新形态是倡导互利共赢的更加和平的文明形态，中国式现代化以雄辩的事实否定了"国强必霸"的逻辑，向世界证明了实现国家富强的现代化目标不一定要走侵略、掠夺的西方

现代化老路，不同文明之间的冲突不是人类历史的发展方向。中国式现代化创造的人类文明新形态是坚持共建共治共享的更加正义的文明形态，中国式现代化从社会主义现代化的基本价值取向出发，从全人类的根本利益出发，积极维护国际社会的公平与正义，促进全球治理体系向更加公正合理的方向迈进。

三、构建人类命运共同体是推进中国式现代化的本质要求

中国式现代化与世界现代化相互支撑、相互影响，构建人类命运共同体是推进中国式现代化的题中应有之义。在全面建设社会主义现代化国家的新征程中，聚焦实现"第二个百年奋斗目标"、进一步彰显中国式现代化"中国特色"、不断增强中国式现代化的世界影响力内在地将构建人类命运共同体作为前提条件。

（一）聚焦中国式现代化奋斗目标的必然选择

所谓"本质要求"，是指决定事物发展方向、性质以及过程的决定性因素。从中国式现代化的奋斗目标来看，新时代新征程，"中国共产党的中心任务就是团结带领全国各族人民全面建成社会主义现代化强国、实现第二个百年奋斗目标，以中国式现代化全面推进中华民族伟大复兴"，构建人类命运共同体是实现这一奋斗目标的必然选

择。一方面，全面建成社会主义现代化强国离不开和平稳定的外部环境。自现代化发轫以来，资本主义的先发优势使其长期主宰着世界现代化进程，在零和博弈思维模式的统摄下，西方国家的经济封锁、政治打压、文化侵略等措施使广大发展中国家的现代化之路走得尤为艰辛。当今时代，建立"世界共同的经济关系"早已成为突破世界现代化发展瓶颈的内在要求，中国式现代化奋力实现全面建成社会主义现代化强国的奋斗目标，必须通过构建人类命运共同体，加强世界各国经济上的协作与沟通、政治上的对话与协商、文化上的交流与互鉴，

经典智慧

1. 志合者，不以山海为远。——《抱朴子·外篇·博喻》

【释义】志同道合的人，即使山海阻隔也不觉得遥远。

2. 一花独放不是春，百花齐放春满园。——《古今贤文》

【释义】一枝单独开放的花朵不能代表春天的到来，只有百花竞艳才是人间春色。

3. 孤举者难起，众行者易趋。——《默觚·治篇八》

【释义】一个人把东西举起来很困难，许多人一块行走则容易走得快。

4. 亲仁善邻，国之宝也。——《左传·隐公六年》

【释义】亲近仁义，与邻国友好相处，这是立国的法宝。

从而凝聚世界现代化协调发展的全球共识。另一方面，实现中华民族伟大复兴涵盖了推动构建人类命运共同体的本质规定。应当明确的是，实现中华民族伟大复兴并非是要回到昔日的封建盛世，而是中华文明的现代转化。历史地看，中华民族在维护自身独立的同时从来不曾向外扩张，"协和万邦"是中华文明的重要文化传统。这一传统经由马克思主义的创造性转化、创新性发展，生成了构建人类命运共同体的发展理念。以中国式现代化全面推进中华民族伟大复兴，其重要内容即构建一个你中有我、我中有你的人类命运共同体，这是中华文明的世界担当，亦是中国式现代化的本质要求。

（二）凸显中国式现代化中国特色的必由之路

正是由于立足中国、放眼世界，中国式现代化才既有各国现代化的共同特征，又有基于自己国情的中国特色。世界现代化的普遍性特征寓于中国式现代化的"中国特色"之中，中国式现代化的"中国特色"是世界现代化普遍性特征的表现形式。在资本主义构建的"中心—外围"世界现代化格局中，"西方化"已然成为"现代化"的代名词，各国家和民族走向现代化，如果不选择资本主义道路，必定会受到西方国家的强力打压和制裁。随着中国式现代化不断走向成功，西方国家以"中国威胁论""国强必霸论"等肆意歪曲和抹黑中国式现代化的合理性，对中国式现代化奋力推进 14 亿多人口整体迈进现代化社会、实现全体人民共同富裕、坚持物质文明和精神文明协调发展、促进人与自然和谐共生、坚持走和平发展道路的特征视而不见，严重损害了中国式现代化的国际形象。基于此，为凸显中国式现代化的"中国特色"必须推动构建人类命运共同体，以和平、发展、公平、正义、民主、自由的全人类共同价值擘画各国探索现代化道路的"价值同心圆"，以和平发展合作共赢的基本原则不断化解世界现代化的风险和危机，推动以共商共建共治为特征的新型全球治理，建设相互尊重、公平正义、合作共赢的新型国际关系，在澄清理性、平等、进步、繁荣的世界现代化共性的同时，不断彰显中国式现代化的独特个性。

（三）增强中国式现代化世界影响的重要途径

按照党的二十大报告对中国式现代化作出的战略部署，未来5年，中国式现代化的主要目标任务之一是"中国国际地位和影响进一步提高，在全球治理中发挥更大作用"。到21世纪中叶，中国式现代化要实现"把我国建设成为综合国力和国际影响力领先的社会主义现代化强国"战略目标。中国式现代化坚定站在历史正确的一边，站在人类文明进步的一边，增强中国式现代化的世界影响力，既是开辟人类和平、发展、合作、共赢光明前途的大势所趋，也是矫治世界现代化霸权霸道霸凌乱象的科学理路。增强中国式现代化的世界影响力，关键在于构建人类命运共同体。世界现代化由于资本主义塑造的"西方中心主义"格局而呈现出"一元现代性"的同质化倾向，人类命运共同体以"同心圆"模式超越了"中心—边缘"模式，以中国式现代化带动世界共同发展。人类命运共同体沿着"国与国的命运共同体—区域性命运共同体—人类命运共同体"的路径同世界上众多国家和地区建立起稳定的合作关系，例如"中巴命运共同体""中阿命运共同体""中非命运共同体"等。通过"一带一路"建设充分发挥地缘优势，为建设区域内命运共同体提供了优良平台，例如"亚洲命运共同体"为推动亚洲经济协同发展，夯实世界现代化的人类命运共同体意识奠定了重要基础。总而言之，构建人类命运共同体为世界现代化开辟了新的空间领域和经济增长点，也使中国式现代化的世界影响力与日俱增。

四、以中国式现代化推动构建美好世界

人类命运共同体理念引领中国式现代化正确看待和处理自身与世界现代化的关系，高举全人类共同价值的旗帜，推动构建一个更加美好的世界。中国式现代化坚持对话协商，推动建设一个持久和平的世界；坚持共建共享，推动建设一个普遍安全的世界；坚持合作共赢，推动构建一个共同繁荣的世界；坚持交流互鉴，推动建设一个开放包容的世界；坚持绿色低碳，推动建设一个清洁美丽的世界。

（一）构建持久和平的世界

和平发展是中国式现代化道路探索的根本追求。回顾世界现代化历程，西方国家恃强凌弱、巧取豪夺式的现代化路径选择使人类社会

面临严重的和平赤字。新中国成立以来，中国一直坚持独立自主的和平外交政策，坚持各国相互尊重、平等协商，以对话弥合分歧，以谈判化解争端，反对一切形式的霸权主义和强权政治。改革开放以来，中国式现代化聚焦"和平与发展"的时代主题，积极倡导世界多极化和国际关系民主化。针对西方国家大肆渲染的"中国威胁论"等论调，中国坚持走和平发展道路，推动构建相互尊重、公平正义、合作共赢的新型国际关系。进入新时代，中国式现代化以自身发展为世界注入更多确定性，遵循《联合国宪章》的宗旨原则，始终根据事情本身的是非曲直决定自身的立场和政策。作为一个正在崛起的大国，中国始终以友好的善意回应世界其他国家的猜疑和防范，呼吁世界理性看待中国式现代化的发展。中国式现代化为维护世界持久和平作出的巨大贡献还表现在，积极为国际社会贡献力量，促进世界的平衡发展。中国式现代化奉行积极主动的开放战略，使世界上大多数国家和地区均能从中受益。例如，自 2013 年习近平总书记提出共建"一带一路"倡议以来，中国已与 150 多个国家、30 多个国际组织签署了 200 多份合作文件。据统计，2013—2022 年，中国与共建国家进出口总额累计 19.1 万亿美元，年均增长 6.4%；与共建国家双向投资累计超过 3800 亿美元，其中中国对外直接投资超过 2400 亿美元；中国在共建国家承包工程新签合同额、完成营业额累计分别达到 2 万亿美元、1.3 万亿美元。2022 年，中国与共建国家进出口总额近 2.9 万亿美元，占同期中国外贸总值的 45.4%，较 2013 年提高了 6.2 个百分点。中国式现代化向广大发展中国家提供实实在在的援助，与沿线国家

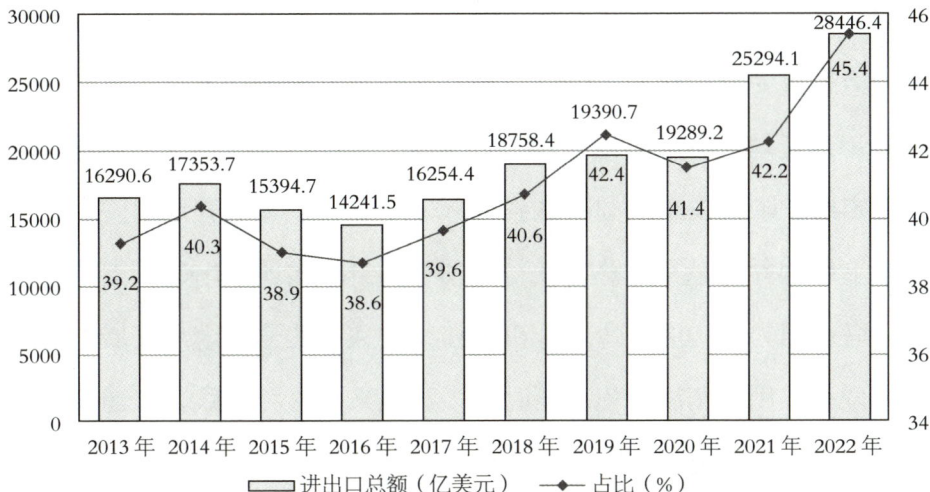

2013—2022 年中国与"一带一路"共建国家进出口总额及其占中国外贸总值比重

开展互利合作项目，许多合作项目成为合作共赢的典范，带动了当地经济的发展，例如匈塞铁路、蒙内铁路、瓜达尔港等。在推进中国式现代化过程中，中国已经成为名副其实的世界和平的建设者。

（二）构建普遍安全的世界

发展与安全的动态平衡问题是世界现代化进程中历久弥新的问题，当今时代，"普遍安全与共同发展成为时代主题的新内容"。随着全球风险的到来，传统安全环境的不利因素继续发酵，非传统安全威胁持续蔓延，推进世界现代化亟须构建更高水平的安全共同体。中国式现代化坚持安全与发展并重，推动地区、国际以及全球合作，以合作促进普遍安全、以合作促进共同发展，实现更高质量发展与更高水平安全的良性互动，维护全人类的共同利益。中国式现代化倡导共同、综合、合作、可持续的新安全观，同世界各国一道为世界现代化营造普遍安全的环境。通过准确把握国际国内安全形势变化新特点新趋势，处理好各领域安全的内在关系，统筹国家安全与全球安全，在坚定维护国家安全的同时加强国际安全合作，重视管理型安全，从逻辑上解构并跨越了"修昔底德陷阱"。中国式现代化一贯支持并推进以联合国为核心的多边安全机制在维护人类普遍安全与发展中的重要地位和作用，拓展深化了新时代多边主义理念和实践，在建设相互尊重、平等合作新型国际关系的过程中改革完善全球治理，维护并增进了人类安全福祉。

（三）构建共同繁荣的世界

发展是世界各国现代化共同的目标遵循，也是构建美好世界的经济保障。习近平总书记指出，"唯有发展，才能消除冲突的根源。唯有发展，才能保障人民的基本权利。唯有发展，才能满足人民对美好生活的热切向往"，中国式现代化致力于构建一个共同繁荣的发展共同体。一方面，中国式现代化坚持创新驱动，打造富有活力的经济增长模式。在第四次工业革命以指数级速度发展的前提下，中国式现代化在创新发展理念的指引下充分抓住新一轮产业革命和科技革命带来的发展契机，推动生命科学、智能创造、绿色能源、纳米技术、量子计算机等前沿领域不断突破，推动电子商务、数字经济、智慧城市建设等新产业更快发展，开辟了经济发展的新模式。另一方面，中国式现代化坚持开放包容，打造内外联动的发展模式。中国式现代化始终坚持建设开放型世界

◎中国援建的位于埃塞俄比亚首都亚的斯亚贝巴的非洲疾控中心总部大楼

◎中企承建的"一带一路"项目——克罗地亚佩列沙茨大桥

◎中企承建的乌干达最大水电站——卡鲁玛水电站

经济，抵制单边主义、保护主义、霸凌主义等有损国际贸易秩序的思潮与实践，促进生产要素在全球范围内更加自由地流动，推动贸易和投资自由化、便利化，让世界现代化更好地惠及世界各个国家和民族。尤为重要的是，中国式现代化倡导世界各国一同打造公平正义的治理模式，推进南南合作、南北合作，为解决好贫困、失业、收入差距过大等世界现代化面临的重大民生问题贡献智慧和力量。

（四）构建开放包容的世界

中国式现代化蕴含一种海纳百川的恢宏气象，这既是中华优秀传统文化实现创造性转化、创新性发展的生动体现，也是中国式现代化对世界现代化发展历程和基本特征的经验总结。首先，中国式现代化坚持美人之美、美美与共，尊重世界现代化发展道路的多样性。由于各个国家和民族历史文化传统和自然地理环境等因素的千差万别，其走向现代化的道路不可能整齐划一。中国式现代化在遵循世界现代化普遍规律的基础上培育和凸显自身的民族特色，既让自身充满生机与活力，又不妨碍其他国家探寻适合自身的现代化道路。其次，中国式现代化坚持相互尊重、平等相待，坚决抵制违背世界现代化规律的发展行径。长久以来，西方国家依仗得天独厚的现代化先发优势肆意破坏世界现代化秩序，将自身发展建立在限制以及打压发展中国家现代化的基础上。中国式现代化以自身的行动为广大发展中国家突破资本主义塑造的"中心—外围"发展格局创造条件，"始终做全球发展的贡献者，坚持走共同发展道路，继续奉行互利共赢的开放战略，将自身发展经验和机遇同世界各国分享，欢迎各国搭乘中国发展'顺风车'，一起来实现共同发展"。最后，中国式现代化坚持开放包容、互学互鉴，秉承兼收并蓄、取长补短、择善而从的原则，学习和借鉴世界其他国家现代化的优秀成果和成功经验，呼吁以文明交流超越文明隔阂、文明互鉴超越文明冲突、文明共存超越文明优越，身体力行地为多元现代文明交融铺路搭桥。

（五）构建清洁美丽的世界

生态文明是现代化的重要维度，生态环境保护是世界现代化面临的重大挑战，也是其肩负的重大责任。世界现代化发展历程已经多次证明，生态文明兴则现代化兴，生态文明衰则现代化衰。对于现代化过程中自然科学和技术的发展应用对生态环境和人们社会生活产生的负面影响，恩格斯曾指出："我们不要过分陶醉于我们人类对自然界的胜利。对于每一次这样的胜利，自然界都对我们进行报复。"确实，历史上环境污染和生态破坏的惨痛教训反复地提醒人们，现代化发展必须以构建一个清洁美丽的世界为前提。中国式现代化坚持人与自然和谐共生的发展理念，着眼于长远利益和整体利益，既维护好绿水青山，也发展好金山银山。一方面，中国式现代化划定并严守生态保护红线、环境质量底线、资源利用上线三条红线，坚持对山水林田湖草沙展开系统治理、综合治理、全面治理，用最严格的制度、最严密的法律保护生态环境。另一方面，中国式现代化谋求全球生态文明建设，构建尊崇自然、清洁美丽的人与自然生命共同体。深度参与全球环境治理，有效应对生态破坏、气候变化、海洋污染、生物保护等全球性环境问题，以实际行动助力世界现代化实现可持续发展目标，营造一个天蓝地绿、和谐宜居的人类家园。

第八章

核心要义

——中国式现代化的重大原则和重大关系

在深刻总结中国共产党关于社会主义现代化长期探索尤其是新时代十年重大创新突破的基础上，党的二十大报告高屋建瓴地擘画了中国式现代化的宏伟蓝图。"从现在起，中国共产党的中心任务就是团结带领全国各族人民全面建成社会主义现代化强国、实现第二个百年奋斗目标，以中国式现代化全面推进中华民族伟大复兴。"从具体的战略部署来看，第一个百年奋斗目标的实现为中国式现代化踏上新征程奠定了重要基础、积累了成功经验，同时，当前和今后一个时期，国内外环境的深刻变化使中国式现代化发展面临的机遇和挑战发生重大变化。中国式现代化如何勇立时代潮头，在新征程上持续向着新的奋斗目标迈进？必须牢牢把握中国式现代化的五个重大原则，必须科学认识和妥善处理中国式现代化的六对重大关系，不断发扬历史主动精神，抓住时代赋予的契机，勇于应对、善于应对时代带来的风险和挑战。

一、中国式现代化进入全面建设社会主义现代化国家的关键时期

根据党中央对中国式现代化的战略部署，未来 5 年是全面建设

社会主义现代化国家开局起步的关键时期。第一个百年奋斗目标的实现为中国式现代化平稳度过这一关键时期奠定了坚实基础，提供了宝贵经验，同时，世界百年未有之大变局的加速演进以及国际力量对比的深刻变化又使得这一关键时期成为推进中国式现代化的重要战略机遇期。

（一）第一个百年奋斗目标的顺利实现为开启全面建设社会主义现代化国家新征程奠定了坚实基础

作为中国现代化建设的阶段性目标，"全面建成小康社会"与"全面建设社会主义现代化国家"一脉相承，日益接近实现中华民族伟大复兴的宏伟目标。习近平总书记指出，全面建成小康社会"为我国进入新发展阶段、朝着第二个百年奋斗目标进军奠定了坚实基础"，"为新发展阶段全面建设社会主义现代化国家奠定了实践基础、理论基础、制度基础"。首先，就实践基础而言，全面建成小康社会使推进中国式现代化的客观条件有了质的提升。一者，全面小康的实现意味着中国历史性地解决了绝对贫困问题，这就为推进农业农村现代化创造了基本前提，为实现人的全面发展和全体人民共同富裕提供了条件保障。中国是一个农业大国，"没有农业农村现代化，就没有整个国家现代化。在现代化进程中，如何处理好工农关系、城乡关系，在一定程度上决定着现代化的成败"。贫困人口的脱贫以及随之而来的区域性整体贫困问题的解决补齐了中国式现代化的一大短板，大幅推进了中国式现代化的进程。二者，全面小康的实现意味着中国的经济实

◎在"地无三里平"的贵州，2万余座桥梁从山谷中拔地而起，铺就了畅行无阻的高速网络，山乡巨变勾勒出一个西部省份"弯道取直"发展的奋斗印迹。图为北盘江大桥

力、科技实力、综合国力跃上新台阶。截至 2020 年，我国国内生产总值突破 100 万亿元大关，人均国内生产总值超过 1 万美元；城镇化率超过 60%，中等收入群体超过 4 亿人并不断扩大。这就为开启新征程、实现新的更高的现代化目标奠定了雄厚物质基础。其次，就理论基础而言，全面建成小康社会彰显的"人民至上"执政理念，形成的新发展理念，积累的丰富实践经验使推进中国式现代化的理论积淀达到了新的高度。"人民至上"的执政理念内在地确定了中国式现代化的本质特征，实现了对资本主义现代化的超越。创新、协调、绿色、开放、共享的新发展理念明确了中国式现代化的发展方向，塑造了中国式现代化实现高质量发展的新优势。"坚持中国共产党领导""坚持独立自主""坚持理论创新"等历史经验坚定了用中国道路总结

中国现代化经验，并将其提升为中国式现代化理论，建构中国式现代化理论体系的理论自觉和历史自觉。最后，就制度基础而言，全面建成小康社会完善了中国式现代化的制度体系，突出了制度优势，增强了制度自信，推进了国家治理体系和治理能力现代化，对全面建设社会主义现代化国家具有重要指导意义。

（二）新征程上全面推进中国式现代化面临的机遇和挑战

在全面建成小康社会的基础上，中国式现代化乘胜开启全面建设社会主义现代化国家新征程。就推进中国式现代化的内外环境而言，新征程的显著特征就在于"战略机遇和风险挑战并存，不确定难预料因素增多"。一方面，和平与发展仍然是当今时代的主题，人类命运共同体理念深入人心，中国在世界舞台上发挥着越来越重要的作用。"时与势在我们一边，这是我们定力和底气所在，也是我们的决心和信心所在。"通过新时代十年的不懈努力，中国式现代化的制度优势、治理效能、物质基础、市场空间、发展韧性等日益突出，这就为新征程上充分发扬历史主动精神，抓住时代赋予的契机有所作为创造了条件。另一方面，世界百年未有之大变局与世纪疫情的叠加使世界进入新的动荡变革期，逆全球化思潮抬头，单边主义、保护主义明显上升，局部冲突和动荡频发，各种"黑天鹅""灰犀牛"事件随时可能发生。国内改革发展稳定面临不少躲不开、绕不过的深层次难题，党的建设特别是党风廉政建设和反腐败斗争面临不少顽固性、多发性问题。众多机遇和挑战的相互交织对新征程推进中国式现代化提出了新的要求，必须做到居安思危、未雨绸缪。牢牢把握推进中国式现代化的重大原则，科学认识并妥善处理中国式现代化的重大关系，才能夺取全面建设社会主义现代化国家的新胜利。

二、推进中国式现代化必须牢牢把握五个重大原则

新征程上，推进中国式现代化如何抓住机遇、迎接挑战，党的二十大报告明确提出必须牢牢把握的五个重大原则，即"五个坚持"。这是对"谁在领导、为谁而干、采取什么路径、动力之源何在、应具备什么样的精神状态"等基本问题的回答，为全面建设社会主义现代化国家提供了根本遵循和重要保证。

（一）坚持和加强党的全面领导

坚持中国共产党领导，是中国特色社会主义的最本质特征，也是中国式现代化的最根本保证。"由谁领导"直接关系着现代化建设的前进方向、道路抉择和发展模式。就中国式现代化的独特缘起而言，中国共产党的成立使中国的现代化建立起了同马克思主义的本质联系，以一场"新民主主义—社会主义"性质的现实革命提供了解决近代中国社会主要矛盾的"对症之方"，彻底破解了中国现代化转型中由于缺乏科学理论指引和有力政治领导而集体性迷失的困境，深刻改

变了中国现代化发展的前途命运。就中国式现代化的深入推进而言，新中国成立后，中国共产党结合国内外形势的深刻变化科学拟定中国现代化的战略目标、战略步骤，擘画中国现代化的宏伟蓝图。尤其是进入新时代以来，以习近平同志为核心的党中央不断推进理论和实践上的创新突破，初步构建中国式现代化的理论体系，推动中国式现代化实现一系列突破性进展、取得一系列标志性成果，为全面建设社会主义现代化国家提供了更为完善的制度保证、更为坚实的物质基础、更为主动的精神力量。中国在现代化上由被动转为主动、由依附走向创生、由落后变为赶超的事实证明，党没有辜负历史和人民，没有中国共产党就没有中国式现代化，推进和拓展中国式现代化本质在党、关键在党、优势在党。面对新征程上的机遇和挑战，坚持和加强党的全面领导就是要把党的领导落实到党和国家事业各领域各方面各环节，使党始终成为风雨来袭时全体人民最可靠的主心骨，确保中国式现代化的正确方向，确保中国式现代化拥有团结奋斗的强大政治凝聚力、发展自信心，从而凝聚起万众一心、共克时艰的磅礴力量。

（二）坚持中国特色社会主义道路

方向决定道路，道路决定命运。中国式现代化是走中国特色社会主义道路的现代化，"我们坚持和发展中国特色社会主义……创造了中国式现代化新道路，创造了人类文明新形态"。在资本主义率先跨过现代文明门槛后的近 200 年里，"西方化""资本主义化"一度成为现代化的代名词，但世界上既不存在定于一尊的现代化模式，也不存在放之四海而皆准的现代化标准。中国共产党坚持将马克思主义基本原理同中国具体实际相结合、同中华优秀传统文化相结合，以中国特色社会主义道路打破了资本主义现代化道路唯一性的神话，宣告了"历史终结论"的终结和"文明冲突论"的破产。以中国特色社会主义为道路承载，中国式现代化在道路基点上既坚持独立自主，把现代化的主动权牢牢掌握在自己手中，又充分汲取世界其他国家实现现代化的成功经验和优秀成果，塑造出开放包容、和而不同的风格品貌。中国式现代化在道路逻辑上超越了资本主义线性的、"串联式"的现代化发展模式，是一个"并联式"的过程，"工业化、信息化、城镇化、农业现代化是叠加发展的"，在时空维度充分展现了中国式现代化的显著优势。中国式现代化在道路旗帜上擎起和平发展、合作共赢的大旗，不以牺牲他国利益换取本国的发展，而是致力于在人类命运共同体视野下同世界各国一道造福全人类。面对新征程上的机遇和挑战，坚持中国特色社会主义道路就是要坚持以经济建设为中心，坚持四项基本原则，坚持改革开放，既不走封闭僵化的老路，也不走改旗易帜的邪路，坚持把国家和民族发展放在自己力量的基点上，坚持把中国发展进步的命运牢牢掌握在自己手中。

（三）坚持以人民为中心的发展思想

立场问题是现代化建设的方向性、原则性问题，是对现代化"为了谁"这一时代之问和人民之问的根本回答。以人民为中心是中国式现代化的根本价值立场，中国式现代化根本上是坚持人民至上、坚

奋斗故事

浙江在高质量发展中奋力推进共同富裕

新时代十年，浙江省地区生产总值连跨 4 个万亿台阶，突破 7 万亿元，人均地区生产总值突破 11 万元，一般预算收入达到 8263 亿元。以解决地区差距、城乡差距、收入差距为主攻方向，浙江稳步推进共同富裕示范区建设。

十年来，浙江城镇化率从 63.2% 提高到 72.7%，城乡居民收入倍差从 2.37 缩小到 1.94，地区居民收入最高最低倍差从 2013 年的 1.76 缩小到 1.61，家庭年可支配收入 20 万—60 万元群体比例达 30.6%。

健全为民办实事长效机制，基本公共服务均等化实现度超 98%，高等教育毛入学率从 49.5% 提高到 64.8%，居民主要健康指标接近高收入经济体水平，最低生活保障年标准突破 1 万元。用心用力做好对口支援帮扶，助力 8 省 100 个县（市、区）的 527 万人实现脱贫。

坚持和发展新时代"枫桥经验"，构建起"一中心四平台一网格"基层治理体系，来信来访总量持续下降。法治浙江建设全面深化，形成数字经济促进条例等一系列创制性立法成果，"大综合一体化"行政执法改革试点落地见效。2021 年群众安全感达 99.19%，法治浙江建设群众满意度达 92.26%。

十年来，浙江努力促进人民精神生活共同富裕，持续推进新时代文化高地建设。"浙江有礼"省域文明实践品牌加快打造，文明城市、新时代文明实践中心、农村文化礼堂建设全国领先，礼让斑马线等文明行为蔚然成风。

守人民立场、尊重人民主体地位的现代化。首先，中国式现代化坚持发展为了人民。不同于资本逻辑主导的现代化，中国式现代化在驾驭资本的基础上既"让一切创造社会财富的源泉充分涌流"，又将"更好推动人的全面发展、社会全面进步"作为自身的价值目标，将实现好、维护好、发展好最广大人民根本利益作为自身的评判标准，不断为人民谋幸福，满足人民对美好生活的向往，增强人民的获得感、幸福感、安全感。其次，中国式现代化坚持发展依靠人民。人民是中国式现代化的实践主体，中国式现代化充分调动人民在现代化发展中从一个胜利走向另一个胜利的积极性、主动性和创造性，发挥人民在现代化建设中化解矛盾、战胜困难的意志力、凝聚力和战斗力，汇聚起推进中国式现代化的磅礴伟力。最后，中国式现代化坚持发展成果由人民共享。共同富裕是中国式现代化的本质特征，也是其与资本主义现代化的显著区别。从量的规定性上看，中国式现代化使各阶层、各民族、各地区的全体人民从现代化中受益，是人人享有、各得其所的现代化。从质的规定性上看，中国式现代化满足人民多样化、多层次、全方位需求，为实现人的全面发展创造了条件。面对新征程上的机遇和挑战，坚持以人民为中心的发展思想就是要维护人民根本利益，增进民生福祉，不断实现发展为了人民、发展依靠人民、发展成果由人民共享，让中国式现代化更多更公平惠及全体人民。

（四）坚持深化改革开放

作为从根本上解决生产力与生产关系、经济基础与上层建筑矛盾的伟大实践，改革开放是中国式现代化的鲜明标识，更是中国式现代化的动力之源。改革开放是决定当代中国命运的关键一招，也是决定中国式现代化成败的关键一招。"改革开放只有进行时没有完成时。"历史地看，坚持改革开放是推进中国式现代化得出的必然结论，二者相辅相成、同向同行。自党的十一届三中全会作出实行改革开放历史性决策以来，中国式现代化开辟了新的动力源。从生产力相对落后到经济总量跃居世界第二、人民生活从温饱不足到总体小康再到全面建成小康社会，中国式现代化创造了人类减贫史上的奇迹，创造了经济快速发展和社会长期稳定两大奇迹，从根本上改善了人民生活水平，大幅推进了社会主义现代化的历史进程。实践证明，中国式现代化是一个不断走向变革、不断走向开放的历史过程，"改革开放是党和人民大踏步赶上时代的重要法宝，是坚持和发展中国特色社会主义的必由之路，是决定当代中国命运的关键一招，也是决定实现'两个一百年'奋斗目标、实现中华民族伟大复兴的关键一招。"从世界的角度看，中国式现代化是世界现代化的重要组成部分，只有在改革开放的前提下，中国式现代化才能够在同各个国家和民族互联互通、共生共融的交往中不断发展，才能通过引领时代潮流和人类前进方向为世界现代化作出贡献。从现实的角度看，面对新征程上的机遇和挑战，必须以更深层次的改革开放打破僵化保守的思想观念窒塞，破除更深层次的体制机制障碍，清除陈旧利益固化藩篱，解决结构性矛盾和政策性痼疾，不断增强社会主义现代化建设的动力和活力。

（五）坚持发扬斗争精神

按照唯物史观的基本原理，社会意识根源于社会存在，并能动地反作用于社会存在。斗争精神是中国式现代化彰显的精神气质，更是中国式现代化战胜一切艰难险阻的强大精神力量。习近平总书记指出："我们党依靠斗争创造历史，更要依靠斗争赢得未来。"一方面，斗争精神是推进和拓展中国式现代化的精神底色。一定程度上，中国式现代化的历史就是一部中国共产党团结带领全国各族人民攻坚克难、砥砺奋进的斗争史。纵观中国式现代化的发展历程，斗争精神始终贯穿其中，伟大建党精神、长征精神、抗战精神、抗美援朝精神……为中国式现代化的生成和发展汇聚起强大精神力量，也正是在一次次伟大斗争中，中国式现代化实现了从"落后时代"到"赶上时代"再到"引领时代"的飞跃。历史充分证明，斗争精神是中国式现代化保持旺盛活力和持久生命力的关键所在。另一方面，斗争精神是推进和拓展中国式现代化的精神姿态。"没有一个国家、民族的现代化是顺顺当当实现的"，中国式现代化前途光明，道路曲折。在全面建设社会主义现代化国家新征程上，中国式现代化仍旧面临高质量发展薄弱环节明显、经济社会矛盾错综复杂、世界经济复苏进程曲折等时代难题，唯有坚持发扬斗争精神，保持斗争姿态，知难而进、主动迎战，才能扫清发展道路上的重重阻碍，顺利实现第二个百年奋斗目标。因此，面对新征程上的机遇和挑战，必须要增强全党全国各族人民的志气、骨气、底气，依靠顽强斗争打开推进和拓展中国式现代化的新天地。

三、推进中国式现代化必须妥善处理六对重大关系

中国式现代化是一个系统工程，需要统筹兼顾、系统谋划、整体推进。面对新征程上的机遇和挑战，正确处理好顶层设计与实践探索、战略与策略、守正与创新、效率与公平、活力与秩序、自立自强与对外开放等一系列重大关系，对于全党全国各族人民深刻认识实现全面建设社会主义现代化国家各项目标任务的艰巨性和复杂性，增强贯彻落实的自觉性和坚定性具有重要意义。

（一）顶层设计与实践探索的关系

顶层设计与实践探索的辩证统一是中国共产党人深邃哲学智慧的理论表征，为中国式现代化的推进和拓展提供了科学的方法论支撑。顶层设计即对事物展开总体性、全局性的谋划，抓住"时"与"势"，找准解决矛盾的科学路径。进行顶层设计，需要深刻洞察世界发展大势，准确把握人民群众的共同愿望，深入探索经济社会发展规律，使制定的规划和政策体系体现时代性、把握规律性、富于创造性，做到远近结合、上下贯通、内容协调。"做事的第一步就是'谋'"，只有"谋于前才可不惑于后"。党的二十大报告淋漓尽致地展现了中国共产党对中国式现代化的"谋全局"和"谋万世"。党的二十大报告深刻阐述了

中国式现代化的中国特色、本质要求、重大原则，这就从顶层设计的高度回答了中国式现代化"是什么"，明确了推进和拓展中国式现代化过程中"有所为""有所不为"的界限。党的二十大报告再次强调了全面建设社会主义现代化国家总的战略安排："从二〇二〇年到二〇三五年基本实现社会主义现代化；从二〇三五年到本世纪中叶把我国建成富强民主文明和谐美丽的社会主义现代化强国。"这一蓝图的擘画体现了中国式现代化为人民谋长远幸福，为经济社会谋可持续发展，是绵绵用力、久久为功的现代化。实践探索注重统筹兼顾事物的整体与部分、部分与部分的关系，在此基础上找准解决矛盾的关键环节、重点任务予以精准施策，实现以重点突破带动整体推进。推进中国式现代化是一个探索性事业，还有许多未知领域，面对新征程上的机遇和挑战，不仅要总结历史经验，更要在实践中大胆探索，具体问题具体分析，在调查研究的基础上形成鲜明的问题导向，继而推动政策有效落实，在一个个具体问题的解决中推动中国式现代化实现整体性进步。

（二）战略与策略的关系

正确运用战略策略是中国式现代化不断从胜利走向胜利的成功秘诀，只有"把谋事和谋势、谋当下和谋未来统一起来，对趋势性问题具有前瞻性和预见性，才能未雨绸缪、提前谋划、牢牢把握战略主动权"。战略是从全局、长远、大势上作出的判断和决策，策略是在战略指导下为战略服务的，正确的战略需要正确的策略来落实。凡事预则立，不预则废。党的十八大以来，以习近平同志为核心的党中央提出高质量发展引领经济转型升级，提出科技自立自强破解"卡脖子"问题，提出构建新发展格局应对外部环境变化……这一系列高瞻远瞩的战略擘画，精准有力的策略举措，为成功推进和拓展中国式现代化提供了坚实支撑。战略的实施过程必然会遇到各种不同的实际情况和不断变化的形势环境，如果没有足够的战略定力，一遇到风险挑战就止步退缩，就不能把战略落实到位。因此，必须要增强战略的前瞻性，准确把握事物发展的必然趋势，敏锐洞悉前进道路上可能出现的机遇和挑战，以科学的战略预见未来、引领未来；必须要增强战略的全局性，谋划战略目标、制定战略举措、作出战略部署，都要着眼于解决事关党和国家事业兴衰成败、牵一发而动全身的重大问题；要增强战略的稳定性，战略一经形成，就要长期坚持、一抓到底、善作善成，不能随意改变。同时，应当有策略、有智慧、有方法地贯彻和落实总体战略，把战略的原则性和策略的灵活性有机结合起来，灵活机动、随机应变、临机决断，在因地制宜、因势而动、顺势而为中把握战略主动。例如，就各地区各部门对党中央推进和拓展中国式现代化总体战略的具体落实而言，一方面要恪守战略的原则性，确定工作思路、工作部署、政策措施，自觉同党的理论和路线方针政策对标对表、及时校准偏差；另一方面也要善于把握策略的灵活性，制定符合实际的工作策略和方法，以创造性贯彻落实赢得主动。

（三）守正与创新的关系

守正创新是推进和拓展中国式现代化的重要思维方法，只有守正才能不迷失方向、不犯颠覆性错误，只有创新才能把握时代、引领时代。守正与创新相辅相成，体现了"变"与"不变"、继承与发展、原则性与创造性的辩证统一。这既源自中华民族几千年来恪守正道、革故鼎新的文化传统，又与我们党一贯坚持的解放思想、实事求是、与时俱进、求真务实的品格相贯通。中国特色社会主义进入新时代，在习近平新时代中国特色社会主义思想的指导下，中国共产党进一步深化对中国式现代化的内涵和本质的认识，概括形成中国式现代化的中国特色、本质要求和重大原则，初步构建中国式现代化的理论体系。在推进中国式现代化的新征程上，必须守好中国式现代化的本和源、根和魂，毫不动摇坚持中国式现代化的中国特色、本质要求、重大原则，坚持党的基本理论、基本路线、基本方略，坚持党的十八大以来的一系列重大方针政策，确保中国式现代化的正确方向。同时，

知言明理

守正创新

守正就是坚守真理、坚守正道，坚持马克思主义基本原理不动摇，坚持党的全面领导不动摇，坚持中国特色社会主义不动摇。创新就是勇于探索、开辟新境，敢于说前人没有说过的新话，敢于干前人没有干过的事情。守正与创新相辅相成。守正，但不是故步自封，还要往前发展、与时俱进。创新，但不能偏离马克思主义、社会主义，不能动摇党的领导。必须坚持守正和创新相统一，在守正中创新，在创新中发展。

守正不是墨守成规、一成不变，而是以创新为前提的守正。党的十八大以来，从深化党和国家机构改革、党和国家机构职能实现系统性整体性重构到建设全国统一大市场、更好促进国内大循环……一系列改革在坚持正确方向的前提下推进了实践创新、制度创新，极大增强了中国式现代化的活力。中国式现代化还有许多未知领域，需要我们在实践中去大胆探索，因此，要把创新摆在国家发展全局的突出位置，顺应时代发展要求，着眼于解决重大理论和实践问题，积极识变应变求变，大力推进理论创新、实践创新、制度创新、文化创新以及其他各方面创新，不断开辟发展新领域新赛道，塑造发展新动能新优势，让创新在全社会蔚然成风。

(四) 效率与公平的关系

效率和公平是现代社会的基本标识，只有处理好效率和公平的关系，才能让现代化建设成果更多更公平惠及全体人民。要实现全面建设社会主义现代化国家各项目标任务，必须保持一定的经济增长速度，"发展才是硬道理"的核心思路必须坚持。中国式现代化是实现经济高质量发展的现代化，效率问题或者说发展问题，是推进和拓展中国式现代化的基础和关键。党的十八大以来，以供给侧结构性改革提高供给体系质量和效率，以深入推进简政放权激发市场活力，以大力减税降费为企业纾困解难……一系列政策举措的推出极大提升了经济社会发展效率。新征程上，必须"毫不动摇巩固和发展公有制经济，毫不动摇鼓励、支持、引导非公有制经济发展，充分发挥市场在资源配置中的决定性作用，更好发挥政府作用，构建全国统一大市场，深化要素市场化改革，建设高标准市场体系，营造市场化、法治化、国际化一流营商环境，着力提高全要素生产率"。与此同时，中国式现代化是实现全体人民共同富裕的现代化，从完善收入分配制度，到促进基本公共服务均等化，再到主动解决地区差距、城乡差距、收入差距等问题……中国式现代化已经形成促进全体人民共同富裕的一整套思想理念、制度安排、政策举措，推动共同富裕取得了新成就，人民群众的幸福感和获得感得到了显著提升。新征程上，要加快建立以权利公平、机会公平、规则公平为主要内容的社会公平保障体系，保证人民平等参与、平等发展的权利，扎实推进全体人民共同富裕取得更为明显的实质性进展。总而言之，处理好效率与公平的关系，就要做到统筹兼顾、有机结合，避免在现实中剑走偏锋、顾此失彼。既不能因为片面追求效率而在客观上造成富者愈富、穷者愈穷的马太效应，也不能因为片面追求公平而影响社会活力的释放。

（五）活力与秩序的关系

中国式现代化既充满活力又拥有良好秩序，呈现出活力和秩序有机统一。中国式现代化充分调动人民群众的积极性、主动性、创造性，让创新创造的活力充分涌流、竞相迸发，创造了一个又一个人间奇迹。世界现代化历程的一般规律表明，一个国家在从传统社会向现代社会转变的过程中，往往都要经历一个社会矛盾和风险的高发期。只有在秩序的框架下，保持稳定安全的社会环境，才能不断释放经济社会发展活力，汇聚源源不断的发展动力。在中国共产党的领导下，中国式现代化创造了世所罕见的经济快速发展和社会长期稳定两大奇迹，不仅用几十年时间走完发达国家几百年走过的工业化历程，更在实现经济快速发展的同时有效应对转型阵痛、确保社会长期稳定，让经济社会发展的活力有序释放。以科研领域为例，从下放科技管理权限，赋予科研人员和科研单位更大科研自主权，到探索首席科学家负责制，鼓励支持首席科学家团队勇闯科学的"无人区"，再到实行"揭榜挂帅""赛马"等，这一系列改革举措为科研人员松绑，极大激发了科技创新活力。应当明确的是，健康、良好的社会秩序是社会焕发活力的前提和保障，活力和秩序两者相辅相成、辩证统一。正如

◎ 国家安全是安邦定国的重要基石。图为新疆伊犁边境管理支队红卡子边境派出所民警在海拔 3600 多米的边境线上开展巡逻踏查工作

习近平总书记指出："社会治理是一门科学，管得太死，一潭死水不行；管得太松，波涛汹涌也不行。"新征程上，要统筹发展和安全，贯彻总体国家安全观，健全国家安全体系，增强维护国家安全能力，坚定维护国家政权安全、制度安全、意识形态安全和重点领域安全；提高公共安全治理水平，完善社会治理体系，提升社会治理效率；发展全过程人民民主，努力把矛盾纠纷化解在基层、消除在萌芽状态。总而言之，要以安定有序赢得长远，也要以旺盛活力提供动力，科学有效地协调活力与秩序的关系，保持活力与秩序的动态平衡。

（六）自立自强与对外开放的关系

独立自主、自立自强是中国式现代化取得辉煌成就的重要经验，也只有在独立自主的基础上借鉴吸收一切人类优秀文明成果，做到不忘本来、吸收外来，中国式现代化才能更好地开创未来。推进中国式现代化必须坚持把国家和民族发展放在自己力量的基点上，坚持把我国发展进步的命运牢牢掌握在自己手中。新中国成立之初，中国的现代化在特定历史条件下效仿"苏联模式"，在取得重大成果的同时也走了许多弯路。通过不断总结历史经验，中国共产党迅速调整方针政策，开始探索适合自身国情的现代化道路。改革开放以来，随着思想路线、政治路线和组织路线的拨乱反正，中国式现代化扬帆起航，这"不是简单延续我国历史文化的母版，不是简单套用马克思主义经典作家设想的模板，不是其他国家社会主义实践的再版，也不是国外现代化发展的翻版"，而是独一无二的中国共产党领导的社会主义现代化。一方面，新时代以来，中国式现代化矢志攻克关键领域核心技术，努力破解"卡脖子"难题；发展数字经济、人工智能，抢占未来先机；构建全国统一大市场，为畅通国内大循环奠定基础……正是因为我们坚持独立自主、自力更生，在实现高水平自立自强上迈出坚实步伐，才能够"任凭风浪起，稳坐钓鱼台"，成功应对外部环境变化和各种外部冲击。新征程上，必须加快构建新发展格局，夯实经济发展的根基，增强发展的安全性稳定性，在各种可以预见和难以预见的狂风暴雨、惊涛骇浪中增强中国式现代化的生存力、竞争力、发展力、持续力。另一方面，对外开放是中国的基本国策，任何时候都不会动摇。新征程上，推进和拓展中国式现代化需不断扩大高水平对外开放，把握好中与西、内与外之间的内在张力，在独立自主的基础上借鉴吸收一切人类优秀文明成果。既要怀揣"把自己的事业办好"的坚定底气，更要保持"开放的大门永远是敞开的"广阔胸襟，以中国式现代化的发展为人类文明作出更大贡献。

第九章

擘画蓝图

——全面建设社会主义现代化国家战略布局

"战略问题是一个政党、一个国家的根本性问题。"战略上判断准确、谋划科学、赢得主动，现代化事业就会大有希望，获得广阔发展空间。"中国式现代化的中国特色、本质要求和重大原则，是对推进中国式现代化的最高顶层设计。"在此基础上，党的二十大精准把握社会主义初级阶段的"变"与"不变"，明确了新征程党的中心任务，擘画了到21世纪中叶把我国建成富强民主文明和谐美丽的社会主义现代化强国的宏伟蓝图，并就此科学部署全面建设社会主义现代化国家的战略布局。这一总体性布局有"时间表"，也有"施工图"，有科学依据，也有坚实支撑，是强国建设、民族复兴的行动指南。

一、全面建设社会主义现代化国家的系统布局

从工业化到"四个现代化"、从总体小康到全面小康、从全面建设到全面建成，中国式现代化由重点施治、集中攻关阶段进入了系统部署、全面展开的阶段。实现由大到强、由量变到质变的飞跃需多层次多维度系统布局。

（一）全面建设社会主义现代化国家的总体布局

推进和拓展中国式现代化的过程也是对现代化规律性认识不断深化的过程。现代化内涵外延的扩展要求现代化布局提质扩容，党的二十大统筹兼顾、系统谋划，对新阶段的现代化布局作了整体性部署。

全面建设社会主义现代化国家战略布局首要的是关于强国建设、民族复兴的总体布局。"全面建设社会主义现代化国家"内含于"四个全面"战略布局，又在更高层次上涵盖了后者。党的二十大报告以中心任务为统摄，用12个部分详尽阐述了全面建设社会主义现代化国家总体布局。其中，"五位一体"是核心，构成这一布局的"四梁八柱"。中国式现代化是在"坚持和发展中国特色社会主义，推动物质文明、政治文明、精神文明、社会文明、生态文明协调发展"中开创的，因而"五位一体"是其基本框架。教育科技人才、全面依法治国、国家安全构成这一布局的时代内容。教育科技人才是强国实践的战略支撑，关乎发展主动权、全球竞争力；法治在强国实践中起着固根本、稳预期、利长远的作用；国家安全是国家强盛的前提。这一部署体现了党在大变局中抓关键、补短板、防风险的自觉性。推进国防和军队现代化是全面建设社会主义现代化国家的战略要求；维护国家统一是全面建设社会主义国家的题中应有之义；推动构建人类命运共同体是应对全球性挑战，创造全面建设社会主义现代化国家有利外部环境的积极选择。党的建设是这一布局的关键。在14亿多人口的东方大国实现社会主义现代化需要强有力的领导核心。中国共产党

◎课堂教学

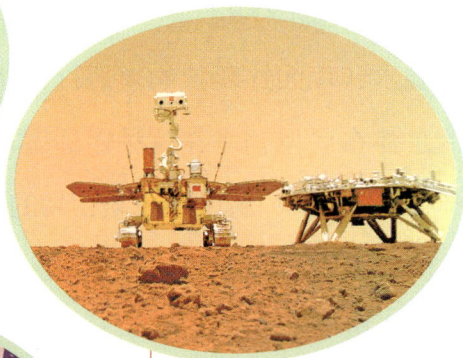
◎"祝融号"火星车

◎人才招聘

◎教育、科技、人才是全面建设社会主义现代化国家的基础性、战略性支撑，必须坚持科技是第一生产力、人才是第一资源、创新是第一动力

勇于进行自我革命，不断提高执政能力和执政水平，自身过硬才能持续推进社会革命。国家治理现代化贯穿于这一布局的整体之中。经过较长时期的高速发展，失衡成为制约发展的主要因素，完善体制机制、提升治理效能，推进治理现代化是突破发展瓶颈的必然选择。多要素叠加融合构成的总体布局，既谋划了党和国家事业发展新篇章，也擘画了人民美好生活蓝图。

这一总体布局是在中华民族伟大复兴战略全局和世界百年未有之

大变局中对全面建设社会主义现代化国家的科学筹划。社会历史的发展总是表现为某种片面性。现代化展开的过程是一个涟漪式扩散的过程，不可能对其作出一劳永逸的完满设计。中国式现代化是在全面性要求和片面性现状的矛盾运动中推进和拓展的，社会主义现代化的总体布局也相应在这种矛盾运动中逐步显现出"全面性"和"总体性"。相较于新中国成立初期的"四个现代化"布局和改革开放以后的"小康式"现代化布局，这一总体布局对接中华民族实现"强起来"的历史愿景，对强国目标有更清晰、具体的部署，也包含更高要求。例如，实现兼顾质和量的高质量发展、依靠创新实现高水平自立自强、发展全过程人民民主、夯实现代化的文化根基、满足人民美好生活需要提升人民生活品质、统筹经济和生态、统筹发展和安全等。大变局带来新的时空场域，全面建设社会主义现代化国家的总体布局包含着迎接时代机遇和挑战的战略性考量。例如，一体推进科教兴国、人才强国、创新驱动发展战略以打破来自内部和外部的天花板；突出强调塑造和维护国家安全以应对不确定难预料因素。新征程作出新的战略部署是应变的需要，也是把握发展主动权的需要。

（二）全面建设社会主义现代化国家的时间布局

全面建设社会主义现代化国家是一个长期历史过程，需在时间布局上兼顾近景和远景目标，进而在阶段性目标链接中持续推进。中国共产党对标世界，依据自身发展条件，以五年规划为基础在重大时间节点上设计现代化的近期、中期和远期目标。

　　全面建设社会主义现代化国家的时间布局勾勒出强国建设、民族复兴的清晰链条。改革开放以后，现代化事业逐步步入正轨，1979 年 3 月，邓小平在会见英中文化协会执行委员会代表团时指出："如果本世纪末能达到你们七十年代的水平，那就很了不起。"这表明中国作为后发者同世界先进水平相差至少 30 年。1987 年 10 月，邓小平进一步明确："我们的第一个目标是解决温饱问题，这个目标已经达到了。第二个目标是在本世纪末达到小康水平，第三个目标是在下个世纪的五十年内达到中等发达国家水平。"这一论述，勾画出现代化的基本时间线。在"两个一百年"奋斗目标历史交汇期，党的十九大将全面建设社会主义现代化国家分两个阶段来安排，第一个阶段，从 2020 年到 2035 年，基本实现社会主义现代化；第二个阶段，从 2035 年到本世纪中叶，把我国建成富强民主文明和谐美丽的社会主义现代化强国。在新的历史起点上，党的二十大对这一布局作出更加清晰、具体、系统的规划。着眼未来五年开局起步的关键时期进行重点部署，突出高水平、高质量发展；对 2035 年总体目标从国家层面、人民层面和国际层面作出更加明确的规定，突出实力的显著增强；到本世纪中叶建成综合国力和国际影响力领先的社会主义现代化强国，但没有进行具体规定，留下了较大发展空间。

　　现代化是一个世界性历史进程，就社会主义现代化的时间布局，党始终是从全球大视野中谋篇布局。回溯历史，可以发现"在 20 世纪内，全面实现农业、工业、国防和科学技术的现代化"，这一时间安排曾延后 50 年，又提前 15 年，这一变迁的一个重要依据便是我国经济社会发展水平同国际水准差距的不断演变。改革开放初期，中国远远落后于世界，邓小平提出"把标准放低一点"，将实现现代化延迟至 21 世纪中叶；随着全面建成小康社会决胜期的到来，我国发展成就超出预期，同世界先进水平的差距逐步缩小，并展现出巨大潜力。依据客观经济规律和发展趋势，党适时将原定目标提前 15 年，并在此基础上提出强国目标。有关部门测算情况表明，按照 GDP 年均增长 5%，假定汇率不变来测算，到 2035 年我国现价 GDP 预计将达到 290 万亿元，约合 43.6 万亿美元，届时我国人均国内生产总值将达 20.6 万元，约合 3 万美元，有把握达到那时世界中等发达国家水平，基本实现现代化。但基本实现现代化、建成强国不仅是由纸面上的数据指标衡量、体现一般的现代化规定，也有质的规定、体现着中国特色、体现着党的初心和使命。全面建设社会主义现代化国家着眼"现实的人"，无论是达到中等发达国家水平还是更高水平，中国式现代化的出发点和落脚点都是满足人民美好生活需要，提升人民生活品质。

（三）全面建设社会主义现代化国家的空间布局

全面建设社会主义现代化国家是一个全域联通、内外联动的过程，需在空间布局上合理规划，用好国内国际两种资源。党通过构建以国内大循环为主体、国内国际双循环相互促进的新发展格局不断优化现代化的空间布局。

全面建设社会主义现代化国家的国内空间布局。独特的历史境遇使中国现代化的空间布局从起始阶段就处于不平衡状态；新中国成立后基于平衡工业布局和备战需要，按照"三线建设"展开布局；改革开放后，以"先富带后富"为原则，按照"两个大局"进行部署，逐步形成由东部、西部、东北、中部"四大板块"构成的空间布局。党的十八大以来，突出强调协调发展、高质量发展，通过陆海联动、东西互济、南北协同逐步整合"板块式"的空间格局。党的二十大进一步优化空间布局。区域协调发展战略的核心是优势互补，协调发展不仅是要在东中西部之间通过产业梯级转移或单向输出缩小发展差距，而且要通过发掘各区域比较优势创造新的发展势能。区域重大战略旨在打破梗阻畅通内部循环，例如推动长江经济带发展、京津冀协同发展、长三角一体化发展。主体功能区战略旨在实现高标准、高质量发展，例如雄安新区是以世界眼光、国际标准打造的创新发展示范区。新型城镇化战略通过大中小城市和县域的整体性发展影响着现代化的空间布局。国内空间布局呈现出连点成线、聚点成面，全国一体化的联动发展态势，能够充分释放国土空间发展潜力，实现"内部可循环"。

全面建设社会主义现代化国家的国际空间布局。不同空间承载着不同的资源要素，国界不是也不应该成为现代化布局的有形边界，在与世界的深度互动中才能不断拓展发展空间、实现现代化的全面提升。改革开放前，以国内循环为主，经济社会发展缓慢。改革开放以来，特别是 2001 年加入世界贸易组织后，以特有的资源禀赋参与国际分工，融入国际大循环，抓住机遇快速提升实力，但在不平等的国际分工体系中长期处于价值链底端，"8 亿件衬衫换一架飞机"是其现实写照。进入新时代，中国积极推动高水平对外开放，充分利用国内国际两种资源，使大进大出转为优进优出。"一带一路"是中国为推动构建国际政治经济新秩序、拓展自身和沿线国家发展空间而打造的国际合作平台。中国式现代化的国际空间布局不是简单地在地理

延伸阅读

如果您在假期出游，不妨留意几件小事：在海边游泳的 10 个人里，可能有 4 人穿着产自辽宁兴城的泳衣；入住酒店里的一次性牙刷，基本产自江苏杭集；行李箱里的袜子，可能七成来自浙江诸暨；如果在景点看到有人穿着汉服打卡拍照，这汉服大概率是产自山东曹县……小小县城里，藏着不少"大生意"。全国有 1800 多个县和县级市，经济总量占全国近四成，其中有不少县城就经济规模而言已加入"千亿俱乐部"。

除了"千亿县"，中国还有很多各具特色的县，用特色产业承包了全国人民的生活需求。例如广东徐闻，全国每 3 颗菠萝中就有 1 颗产于此；河北清河，羊绒产业年产值达 200 多亿元；被誉为"中国箱包之都"的河北白沟，一年生产 8 亿只箱包；全国每生产 3 条毛巾，就有一条产自河北高阳……这些点点滴滴都是中国县域经济的缩影。

县城，是中国经济版图上一个特殊的存在，它一头连着城市，一头连着乡村，在全面建设社会主义现代化国家进程中发挥着不可替代的作用。在县城，我们能看到热气腾腾的美好生活，也能看到生机勃勃的经济活力。在经济大循环体系里，县域经济承担着承上启下的重要作用，是中国经济活力与韧性的基石。

意义上扩大交往范围，而是通过改善生产要素质量和配置水平，提升国内大循环的效率和水平，进而吸引全球资源要素，争取开放发展中的战略主动。"优化区域开放布局"是实现国内外联动发展、构建新发展格局的必然之举。新时代以来，尽管单边主义、保护主义的势头不断蔓延，但这些"逆流"阻挡不了全球化大潮，全面建设社会主义现代化国家的国际空间布局顺应了全球化趋势，是对全球发展倡议、全球安全倡议和全球文明倡议的自觉践行。

二、全面建设社会主义现代化国家战略布局的科学表征

全面建设社会主义现代化国家，其全面性在社会主义发展史上前所未有，其规模体量在人类社会发展史上前所未有，在诸多领域进入了"无人区"，是一项"探索性事业"，需加强顶层设计。党的二十大作出的战略性部署是对全面建设社会主义现代化国家的科学布局，这一科学性表征为重点性与全面性、阶段性与连续性、自主性与开放性的辩证统一。

（一）总体布局：重点性与全面性相统一

全面建设社会主义现代化国家是一项系统工程，系统中各要素内在贯通、相互耦合，需全面推进，但发展的不平衡性是绝对的，需重点突

破。这一总体布局兼顾全面性和重点性，从整体着手，同时突出重点。

全面建设社会主义现代化国家的布局重在全面、难在全面。现代化不是单线式的发展过程，而是合力作用的过程，在各领域的关联、耦合、互动中推进。单兵突进、畸形发展必然会消解现代化成果，防止风险叠加衍生、守住现代化发展的安全底线要求全局性谋划、整体性推进。从工业革命起，现代化迄今已有 200 多年历史，在其展开中逐步向各领域辐射，但无论是后发国家还是先发国家都面临不平衡不协调发展的问题，如何实现全面发展至今仍是各国面临的共同课题。由大到强、由富到强要求练好"十个指头弹钢琴"的功夫，实现现代化的全面提升，不能一边宣布全面建成社会主义现代化强国，另一边还有一些领域和人民美好生活需要存在显著差距。党的二十大立足整体、立足长远，对全面建设社会主义现代化国家作了系统部署，提出了切实可行的战略举措，涉及改革发展稳定、内政外交国防、治党治国治军等各方面。这一布局的"全面性"不仅体现在总体的国家现代化上，也体现在各个领域中。以共同富裕为例，既要富"口袋"，通过高质量发展在更高层次上实现劳有所得、病有所医、老有所养、住有所居；也要富"脑袋"，筑牢人民价值根基，不断丰富人民精神世界；同时还要推动治理体系现代化，完善分配制度和社会保障体系等，保障人民共享发展成果。这一总体布局有利于实现联动式发展，使发展效益最大化。

但"现代化进程不可能齐步走"，社会主义现代化的全面提升需抓住主要矛盾。现代化的历时性问题共时性呈现要求"并联式"发展，但齐头并进、均衡发力不过是一种"主观想法"。"在任何工作中……

没有主次，不加区别，眉毛胡子一把抓，是做不好工作的。"矛盾运动推动事物发展，社会主要矛盾内在地决定了现代化重点任务，抓住"牵一发而动全身"的关键环节，才能以点带面。人民日益增长的美好生活需要和不平衡不充分的发展之间的矛盾决定全面建设社会主义现代化国家的首要任务是提高发展质量和效益。推动高质量发展要求将科技作为第一生产力、人才作为第一资源、创新作为第一动力，强化法治保障，筑牢安全基石。没有这些重点领域的发展，就不可能建成现代化强国。社会主义现代化建设犹如木桶盛水。发展水平较低时，发挥比较优势斜着盛水，影响木桶容量的是最长的木板；发展水平较高时，决定木桶容量的是短板。进入全面建设社会主义现代化国家的阶段，提升木桶容量不仅要加高木板，还需补齐短板保证各个木板齐平，同时要注意加固底板。因此，全面建设社会主义现代化国家既要扬优势，也要补短板、强弱项、固根基。全面建设社会主义现代化国家总体布局部署了内在协调的战略推进图，也明确了发展的重要抓手。

（二）时间布局：阶段性与连续性相统一

在现代化的两种主导形态中，社会主义要创造高于且优于资本主义的文明成果，但社会主义的历史起点决定这一过程不可能一蹴而就，需要在阶段性链接中向前推进。全面建设社会主义现代化国家的"时间表"中，既有阶段性短期目标保证发展的可及性，又有一以贯之的中长期目标保证发展的连续性。

全面建设社会主义现代化国家的时间布局确保现代化梯次递进。

根据发展水平、时代条件、人民利益科学划分发展阶段，有步骤、分阶段推进社会主义现代化建设，是我们党的一条成功经验。从"两步走"，到"三步走""新三步走"，再到"两个阶段"战略安排，中国式现代化在阶段性任务的演进中逐步攀升，中国也由"现代化迟到国"跃升为"世界现代化重要增长极"，实现从落后时代到赶上时代再到引领时代的历史性跨越。以工业为例，新中国一穷二白，到改革开放前建立起独立的比较完整的工业体系和国民经济体系，时至今日成为全世界唯一拥有联合国产业分类中所列全部工业门类的国家，成为世界供应链中不可或缺的一环。全面建成社会主义现代化强国是一个伟大且艰巨的任务，面临诸多不确定、难预料因素，躲不开、绕不过的深层次矛盾，更需要阶梯式推进。党的二十大立足全面建成小康社会的历史性成就，直面现实问题，依据"十四五"规划部署了未来五年开局起步的主要目标任务，并明确了2035年基本实现现代化的总体目标。目标的如期实现将带来局部质变，为强国建设创造有利条件。

全面建设社会主义现代化国家的时间布局确保现代化的连续性和稳定性。现代化贯穿中国的历史、现实和未来。中国共产党胸怀共产主义远大理想，肩负中华民族伟大复兴使命，对现代化的布局不仅立足当下，也放眼未来。一方面，坚持问题导向，在解决问题中扎实推进现代化，着力补短板、强弱项、堵漏洞；另一方面，坚持目标导向，以强国建设为目标牵引进行倒推，一步步厘清现代化的时间节点。由此，导出层次分明、有机衔接的目标体系，并适时予以优化调整。基本实现社会主义现代化、建成社会主义现代化强国，并不意味着党和国家事业将止步于此。一方面，"达到了中等发达国家的水平，才能说真的搞了社会主义，才能理直气壮地说社会主义优于资本主义。"另一方面，共产党人是最高纲领和基本纲领的统一论者，现代化服务于更长远的目标，党将自觉在历史坐标轴上刻画新的时间表。战略性目标保证了发展的长期性，阶段性规划使这一目标更具可操作性，二者结合确保现代化稳步推进，有效避免了超前发展或长期停滞不前。

（三）空间布局：自主性与开放性相统一

现代化以民族国家为空间载体，这决定现代化建设要在自身力量基点上进行，但现代化也是一个世界历史性进程，这决定任何一国的现代化都不可能在封闭的环境中展开。全面建设社会主义现代化国家的"施工图"兼具自主性和开放性，集中体现为构建内外联动的新发展格局。

全面建设社会主义现代化国家旨在实现高水平自立自强，必须坚持独立自主、自力更生。"人类历史上没有一个民族、一个国家可以通过依赖外部力量、照搬外国模式、跟在他人后面亦步亦趋实现强大和振兴。那样做的结果，不是必然遭遇失败，就是必然成为他人的附庸。"发达资本主义国家处于世界现代化前沿，不容置疑，其现代化进程充满血腥与罪恶，但同样不可置否的是，它们在自身独特的历史文化条件中走出自己的现代化道路，并依靠关键核心技术的突破抢占发展制高点。第二次世界大战后，一大批新兴独立国家在探索现代化道路时主动或被动因循西方模式，但在发展到一定阶段时便难以实现新突破，停滞不前甚至乱象丛生，或遭遇失败或沦为附庸。这一反差证明无论是发展水平较高，还是发展水平较低，坚持走自己的路才有发展壮大的可能。全面建设社会主义现代化国家意味着同他国的"互补性"相对减少，"竞争性"增多，正如关键核心技术要不来、买不来、讨不来，其他领域的发展也没有外部力量可依赖，必须坚持独立自主，把国家和民族发展放在自己力量的基点上，把中国发展进步的命运牢牢掌握在自己手中。党的二十大在空间上的布局旨在打通堵点、连接断点，构建完整畅通的发展链条，充分激活国内资源禀赋优势，筑牢现代化的安全基石，防止前进道路被阻断。

中国式现代化是在与世界的互动中推进的，全面建设社会主义现代化国家离不开高水平对外开放。近代以来，中国的命运转折与世界紧密相关，改革开放以来，中国的发展更是与世界深度关联，以开放促改革、促发展是中国式现代化的重要经验。"实践证明，过去四十年中国经济发展是在开放条件下取得的，未来中国经济实现高质量发展也必须在更加开放条件下进行。"研究表明，近年"世界开放指数"不断下滑，全球开放共识弱化，但经济全球化是社会生产力发展的客观要求和科技进步的必然结果，试图人为设置壁垒切断各国联系，既不合历史规律，也不合人民意愿。"世界经济的大海，你要还是不要，都在那儿，是回避不了的。"因而，构建新发展格局的问题已不是要不要开放，而是如何开放，如何应对外部打压围堵、断链脱钩，如何在"逆流"中实现高水平对外开放。党的二十大作出的空间布局明确了要依托国内超大规模市场优势，统筹扩大内需战略和深化供给

◎开放引领发展，合作共赢未来。图为2023年中国国际服务贸易交易会全球服务贸易峰会国家会议中心综合展区

侧结构性改革，在增强国内大循环内生动力和可靠性基础上提升参与国际循环的质量和水平，进而增强发展的安全性、稳定性，增强我国现代化在开放环境中的生存力、竞争力、发展力、持续力。

三、全面建设社会主义现代化国家战略布局的逻辑支点

全面建设社会主义现代化国家战略布局不是一时一域的布局，而是关乎长远、关乎全局的前瞻性、整体性布局，有其科学性，也有其

必然性。现实生长点、理论支撑点和目标作用点共同构成这一布局的逻辑支点。

（一）生长点：现代化建设的历史积淀

全面建设社会主义现代化国家不是平地而起，有着深厚的历史积淀。经革命、建设、改革时期的积累和新时代十年的创新突破，中国式现代化已完成夯基垒台、立柱架梁，并积厚成势，为全面建设社会主义现代化国家奠定了坚实基础、创造了良好条件。

全面建设社会主义现代化国家战略布局建立在完善的制度保证上。"中国式现代化是中国共产党领导的社会主义现代化"，这表明了中国式现代化的根本属性。但社会主义制度不是一经确立就固定不变的，恩格斯指出，"所谓'社会主义社会'，不是一种一成不变的东西，而应当和任何其他社会制度一样，把它看成是经常变化和改革的社会"。在推进中国式现代化进程中，从改革再到全面深化改革，逐步建立起具有强大生命力和巨大优越性的制度和治理体系。党的十九届四中全会从 13 个方面概括了我国国家制度和治理体系的显著优势。中国特色社会主义制度所发生的历史性变革、系统性重塑使这些制度优势逐步转化为治理效能、发展优势。新冠疫情是对各国人力、物力、财力，领导力、组织力、执行力的全面考验，中国特色社会主义制度不仅经受住了考验，而且展现出优越性。这是作出全新部署的根本保障。

全面建设社会主义现代化国家战略布局建立在坚实的物质基础

上。全面建设社会主义现代化国家不是"思维着的理性的任务"，而是具体的、物质的。挣扎于温饱，没有小康，远远落后于世界，全面现代化便是镜花水月。经接续奋斗，到2010年中国成为世界第二大经济体；到中国共产党成立100周年时历史性地解决了困扰中国几千年的绝对贫困问题，使社会主义现代化站在更高起点上；到2021年我国经济总量占世界经济的比重达18.5%，城镇化率达64.7%，制造业规模、外汇储备稳居世界第一，全社会研发经费支出达2.8万亿元，居世界第二位，研发人员总量居世界首位；2022年人均GDP达到12741美元，连续两年保持在1.2万美元以上，粮食总产量连续8年稳定在1.3万亿斤以上，14亿多人的粮食安全得到有效保障。我国经济已由高速度增长转向高质量发展，经济总量的持续扩大和发展质量的稳步提高是作出全新部署的底气所在。

全面建设社会主义现代化国家战略布局建立在主动的精神力量上。现代化不仅需要生产力、科技等物质力量驱动，也需以精神力量为支撑。党的十八大以来，习近平总书记突出强调文化自信，深刻揭示了精神文化在推动发展中的作用。中华优秀传统文化的创造性转化、创新性发展，以伟大建党精神为源头的精神谱系的弘扬，社会主义先进文化的创新发展提升了国家文化软实力和中华文化影响力，铸造了现代化建设的精神根基。脱贫攻坚、战疫情、抗洪水、全面建成小康社会等使人民焕发出更为强烈的历史自觉和主动精神。人民中所蕴含的强大的前进动力、昂扬的奋斗姿态是新征程攻坚克难的不竭力量源泉。

"数字春风"吹进千家万户

2020年5月，登山队员在珠峰峰顶通过5G网络拨通电话。登山队登顶测量的高清视频画面，也通过5G网络实现了全世界实时共享。这一年，全球海拔最高的5G基站——位于珠穆朗玛峰海拔6500米前进营地的5G基站投入使用。同年，中国5G深入地下534米，全国首个煤矿井下5G网络建成。中国5G创造了"上山""入地"的纪录。

从"3G突破""4G同步"到"5G引领"，中国移动通信技术完成了从"追赶"到"引领"的历程。2021年，我国固定宽带平均下载速率62.55Mbit/s，比2013年增长16.7倍；移动宽带平均下载速率59.34Mbit/s，比2016年增长4.0倍。与此同时，我国已建成全球规模最大的光纤和移动宽带网络，全国已实现"村村通宽带""县县通5G""市市通千兆"。截至2023年9月底，我国累计建成5G基站318.9万个，千兆宽带用户达1.45亿户，移动网络IPv6流量占比达58.4%，5G和工业互联网融入国民经济众多领域。数字信号为千家万户插上信息的"翅膀"，深刻影响着人们的生活。

（二）支撑点：中国式现代化理论

全面建设社会主义现代化国家战略布局是关于建设什么样的社会主义现代化强国、怎样建设社会主义现代化强国的最高顶层设计，作出具有前瞻性和全局性的战略部署需深刻洞察世界大势，准确把握人民意愿，深入探索经济社会发展规律，中国式现代化理论为其提供了科学的理论指导。

中国式现代化理论是全面建设社会主义现代化国家战略布局的理论依循。现代化是人类共同追求，具有一般性规律，呈现出普遍性特征，但没有定于一尊的模式。历史证明，简单套用理论模板、机械照搬他国实践，移植嫁接现代文明行不通，各种现代化理论的再版、翻版在具体实践中都面临水土不服的问题。将现代化一般规律和自身实际相结合，走出具有原创性的现代化道路才能使理论变为实际、蓝图变为现实。全面建设社会主义现代化国家面临的是独特且全新的环境，一方面，大国现代化不同于小国现代化，十亿级人口的现代化在发展途径和推进方式上必然不同于千万级或亿级人口的现代化；另一方面，不同制度属性的现代化有不同的发展逻辑，两制并存条件下建成由社会主义定向的现代化强国必须守好社会主义的本和源。他者经验有限，难以解决中国问题，对现代化战略布局的科学部署要以源自中国历史和实践的中国式现代化理论为依循。

中国式现代化的理论体系明确了是什么、干什么、怎么干的问题，"使中国式现代化更加清晰、更加科学、更加可感可行"，全面建设社会主义现代化国家战略布局是对这一理论体系的自觉运用。中国式现代化的历史性推进和拓展要求坚持大历史观，在历史、现实和未来的贯通中作出战略布局。党的领导决定中国式现代化的根本性质，5个方面的中国特色揭示了中国式现代化的科学内涵，二者从属性特质层面标明了全面建设社会主义现代化国家战略布局的根本规定。中国式现代化的 9 条本质要求既具现实指导性，也具未来指向性，明确了全面建设社会主义现代化国家战略布局的主体内容。5 个重大原则明确了领导力量、前进方向、发展目的、发展动力和精神状态，包括顶层设计与实践探索、战略与策略、守正与创新、效率与公平、活力与秩序、自立自强与对外开放在内的六对重大关系，从方法论层面指明了如何全面建设社会主义现代化国家。中国式现代化理论深耕于中华优秀传统文化沃土、内含着科学社会主义先进本质、吸收了人类优秀文明成果，以独特的世界观、价值观、历史观、文明观、民主观、生态观回答了"现代化之问"，塑造出全新的现代文明图景，全面建设社会主义现代化国家战略布局是这一文明图景的实践展开。

（三）作用点：强国建设、民族复兴

现代化和国家、民族命运转折紧密相关。近代以来，在现代文明和传统文明碰撞中，国家蒙难，民族衰微，伴随中国式现代化的推进和拓展，中国日益走近世界舞台中央，中华民族伟大复兴进入不可逆转的历史进程。强国建设、民族复兴是全面建设社会主义现代化国家战略布局的目标指向。

现代化和民族复兴一体同构，现代化是民族复兴的实现路径，现代化也因民族复兴有了目标牵引。党的十八大明确建设中国特色社会主义，"总任务是实现社会主义现代化和中华民族伟大复兴"，将

现代化和民族复兴并列作为总任务，表明二者不是互不关联的历史叙事。近代以降，因西方现代性冲击民族复兴逐步成为历史主题，但民族复兴不是在这种冲击中反向而行，回归"封建盛世"，而是要顺应历史潮流，"建设一个中华民族的新社会和新国家"，"不但有新政治、新经济，而且有新文化"，创造新的文明形态，在社会的现代转型中使中国重新跻身世界前列，在国际社会发挥应有的作用。因而，现代化成为民族复兴的实现路径和叙事方式，要以中国式现代化全面推进中华民族伟大复兴。现代化不是向历史的复归，但也不是对历史的否定，全盘复制西方的现代化模式。中国式现代化的富强逻辑是使承载优秀传统文化的中华民族重新屹立世界舞台中央，创造出以中华文明为底色的现代文明。因而，现代化的旨归是民族复兴。全面建成社会主义现代化强国与实现中华民族伟大复兴二者内在的逻辑关联性决定它们能够在历史的重合中共同推进，能够涵盖于全面建设社会主义现代化国家战略布局之中。

全面建设社会主义现代化国家战略布局的作用点是强国建设、民族复兴。全面建成小康社会根本改变了国家和民族的面貌，但现代化不能止步于小康，中华民族正处于实现"强起来"的关键时期，因而，这不是终点，而是新的起点。置身于浩浩荡荡的时代浪潮中，只有不断发展才能立于不败之地，为防止我们正在做的事被迟滞甚至中断，必须乘势而上，以基本实现社会主义现代化、建成社会主义现代化强国、实现民族复兴为目标牵引，在第二个百年征程上作出全新部署。强国建设、民族复兴既是历史宏愿，也是当前中心任务，全面建设社会主义现代化国家战略布局服务于这一目标任务。高质量发展，教育强国、科技强国、人才强国，全过程人民民主，全面依法治国，坚持中国特色社会主义文化发展道路，提高人民生活品质，尊重自然、顺应自然、保护自然，维护国家安全和社会稳定，把人民军队建成世界一流军队，坚持和完善"一国两制"，推动构建人类命运共同体，全面从严治党等都是从强国建设、民族复兴需要作出的部署。这一战略布局以全面系统发展夯实根基，以提质升级塑造发展优势，为目标映照进现实、任务落地落实提供了保障。

　　目标已明确，蓝图已擘画，要借势将大变局转为战略机遇期，顺势全面建设社会主义现代化国家。但战略机遇和风险挑战并存，没有一个国家、民族的现代化可以顺顺当当实现，强国建设、民族复兴必然会经受风高浪急甚至惊涛骇浪的重大考验。既要坚持底线思维，对各种风险挑战保持清醒认识，也要葆有战略主动，调动一切积极因素化不利为有利。

第 十 章

居安思危

——在新征程上增强忧患意识、坚持底线思维

在中国式现代化的推进和拓展过程中，中华民族迎来了从站起来、富起来到强起来的伟大飞跃，实现了从落后时代到赶上时代，再到引领时代的伟大跨越，我们的危机意识随之淡化，大国意识逐步强化。但不发展有不发展的问题，发展起来有发展起来的问题。发展起来后的显性和隐性风险挑战更加复杂，关联性更强，处理不好可能付出沉重代价。在充满超预期不稳定不确定因素的世界中谋求发展，必须葆有忧患意识，坚持底线思维。

一、增强忧患意识、坚持底线思维的必要性

中国式现代化的成功推进和拓展在党史、新中国史、改革开放史、社会主义发展史、中华民族发展史上具有里程碑意义，但它尚处进行时，是一项探索性事业。以中国式现代化全面建成社会主义现代化强国，全面推进中华民族伟大复兴必然会遇到各种可以预见和难以预见的矛盾问题、风险挑战，应对新征程的新变量必须增强忧患意识、坚持底线思维。

（一）百年奋斗历史经验的科学总结

在中国共产党百余年历史进程中，能够成功应对来自党内外、国内外、自然界和经济社会领域各种严峻复杂的考验，推动党和国家事业不断从胜利走向新的胜利，其中一条重要经验是葆有忧患意识、坚持底线思维。"共产党人的忧患意识，就是忧党、忧国、忧民意识"，底线思维就是凡事从最坏处着眼、向最好处努力，立足最低点作充分准备以争取最大期望值。

中国共产党在内忧外患中诞生、在历尽磨难中成长、在攻坚克难中壮大，忧患意识、底线思维已深深融入其血脉基因。近代以降，在东西碰撞之下，国家蒙辱、人民蒙难、文明蒙尘，救亡图存成为时代最强音，各种政治力量及其救国方案相继问世，中国共产党在这一环境中应运而生。肩扛重担必心存忧患、牢记底线。为保存革命火种，党将根据地转移到农村，辗转开启万里长征。党的七大上，毛泽东提出全党要"准备吃亏"，并列出"十七条"困难，指出"要把估计放在最困难的基础上""要在最坏的可能性上建立我们的政策"。新中国成立后，虽然"站起来"了，但能否站得住、站得

稳，中国共产党人对此有清醒认识，将忧患意识贯穿治国理政始终。例如，面对朝鲜战局，党中央以高度的忧患意识作出"打得一拳开，免得百拳来"的战略判断。毛泽东从底线出发考量国家发展，警示要搞好社会主义建设，否则会被开除"球籍"。底线思维和忧患意识是贯穿于党的方针政策的一条红线。改革开放以后，邓小平强调坚持"四项基本原则"，这是对内改革、对外开放所不能触碰的底线。同时指出发现问题及时调整，防控风险，试点总结之后再全面推开，"改革没有万无一失的方案，问题是要搞得比较稳妥一些……我们要把工作的基点放在出现较大的风险上，准备好对策。这样，即使出现了大的风险，天也不会塌下来。"世纪之交，世界社会主义运动遭遇严重曲折，"历史终结论"甚嚣尘上，以江泽民同志为主要代表的中国共产党人坚持底线思维，捍卫社会主义制度，成功把中国特色社会主义推向新世纪。以胡锦涛同志为主要代表的中国共产党人着眼长远发展，为发展划出底线，强调要改变先污染后治理、边治理边污染的状况，转变传统发展方式，推进科学发展、可持续发展。进入新时代，习近平总书记提出"总体国家安全观"，将"统筹发展和安全，增强忧患意识，做到居安思危"提升为治国理政的重大原则，多次强调坚持底线思维着力防范化解重大风险，并指出"要密切关注那些可能迟滞甚至中断中华民族伟大复兴进程的重大风险"，例如确保粮食安全、能源安全、重要产业链供应链安全等。增强忧患意识、坚持底线思维是取得历史成就的经验，也是未来安全可持续发展的保障。

（二）强国建设民族复兴的不可逆性

从温饱不足到总体小康、全面小康的历史性跨越，使社会主义现代化和复兴伟业迎来前所未有的光明前景。但全面建成社会主义现代化强国，全面推进中华民族伟大复兴不是轻轻松松、敲锣打鼓就能实现的。新的历史起点意味着进入了愈进愈难、愈进愈险而又不进则退、非进不可的阶段，确保强国建设、民族复兴不可逆地推进必须增强忧患意识，坚持底线思维。

民族复兴的不可逆性要求强国建设不可逆地推进。近代以来，中华民族的命运转折和现代化紧密相关，因西方现代性冲击而走向衰微，也正是因找到通向现代化的正确道路而走向复兴。中国式现代化使中华民族实现从落后时代到赶上时代，再到引领时代的伟大跨越，但"引领时代是一种持续的状态，必须始终走在时代前列、占据时代制高点"，而复兴征程是一个进退对立统一的矛盾运动过程，不进则退，就此而言实现中华民族伟大复兴具有不可逆性。历史交叠，中国式现代化也使中国实现从"现代化的迟到国"到"世界现代化的增长极"的转变。强国建设和民族复兴同源同向，全面推进中华民族伟大复兴要求全面建设社会主义现代化国家不可逆地推进。

强国建设的不可逆性在于科技革命对发展主动权的塑造。现代化是在经济、政治、文化等合力作用下推进的，但从其起始和历史展开来看，核心驱动力是科技革命。"18世纪出现了蒸汽机等重大发明，成就了第一次工业革命，开启了人类社会现代化历程。"此后现代化

◎ 被誉为"中国天眼"的500米口径球面射电望远镜，是世界上最大的单口径射电望远镜，实现了我国在前沿科学领域的一项重大原创突破。图为"中国天眼"全景

在历次工业革命和科学革命浪潮中迅猛推进。处于半殖民地半封建社会时期的中国因错失工业革命机遇致使国家民族命运陡转，新中国成立初期没能抓住发展窗口期而落后于世界。当前，新一轮科技革命和产业变革正处在实现重大突破的历史关口，在这一大变局中，我们"既面临着千载难逢的历史机遇，又面临着差距拉大的严峻挑战"，抓住时代机遇是实现"由大到强""由富到强"跨越的十分紧要的一步。打赢关键核心技术攻坚战，实现高水平科技自立自强，对接新的发展机遇，才能掌握发展主动权，使强国建设不可逆地展开。新的战略阶段意味着新的战略任务、新的战略要求，也意味着新的战略环境。一方面，发展起来后，由高速度发展转向高质量发展，发展任务

更加艰巨；另一方面，外部环境由顺风顺水变为逆风逆水，不确定性因素增多，发展更加"吃劲"。内外反差决定强国建设、民族复兴面临的内外部风险挑战会空前加大。确保发展进程不被中断，增强忧患意识、坚持底线思维就愈加必要。

（三）新征程多重风险挑战交织叠加

"现代性孕育着稳定，而现代化过程却滋生着动乱。"没有一个国家、民族可以避开困难和挑战，顺顺当当实现现代化。强国建设、民族复兴要求不可逆地推进，但"我们的事业越前进、越发展，新情况新问题就会越多，面临的风险和挑战就会越多，面对的不可预料的事情就会越多。"应对关联性和复杂性不断提高的各种矛盾问题，增强忧患意识、坚持底线思维愈益重要。

中国式现代化是一项开创性事业，正如毛泽东在新中国成立前夕所言："我们熟习的东西有些快要闲起来了，我们不熟习的东西正在强迫我们去做。"不发展有不发展的问题，发展起来有发展起来的问题，发展起来后需要解决的矛盾问题、需要应对的风险挑战比以往任何时期都更加错综复杂。当前，世界之变、时代之变、历史之变以前所未有的方式展开，推进中国式现代化会遇到来自内外部的各种可以预料和难以预料的风险挑战。从内部来看，不平衡不充分的发展问题突出。时空压缩、任务叠加使历时性问题共时性呈现，易造成老问题累积；高质量发展面临诸多卡点瓶颈，新问题层出不穷；改革愈进愈深，深层次问题逐步显现；人民美好生活需要日益增加，急难愁盼问题随之增加；全面从严治党深入推进，但仍存在缺乏担当、本领不强、实干不足等突出问题。从外部来看，一方面，世界百年未有之大变局本身包含来自自然界和经济社会领域的超预期不稳定不确定因素，国际格局调整、国际力量对比变化又催生出阶段性、突发性因素，各种"黑天鹅""灰犀牛"事件随时可能发生。例如新冠疫情、乌克兰危机给中国发展带来不同程度的冲击。另一方面，中国成为世界格局演变的重要变量，越是接近世界舞台中央，所面临的国际压力和挑战越是严峻。"新时代坚持和发展中国特色社会主义是一场艰巨而伟大的社会革

知言明理

"黑天鹅"事件

"黑天鹅"事件是指难以预测，但突然发生时会引起连锁反应、带来巨大负面影响的小概率事件。它存在于自然、经济、政治等各个领域，具有发生概率很小、高度不可预测性、一旦发生会带来严重后果等特征。"黑天鹅"事件虽然属于偶然事件，但如果处理不好就会导致系统性风险，产生严重后果。

"灰犀牛"事件

"灰犀牛"事件主要指明显的、高概率的却又屡屡被人忽视、最终有可能酿成大危机的事件。此类事件在社会各个领域都会出现，发酵之前往往不被重视，或者被当作一种正常的现象来认可或接受，以致错失了最好的处理或控制风险的时机，最后可能导致极其严重的后果。

命，各种敌对势力绝不会让我们顺顺利利实现中华民族伟大复兴。"来自外部的打压遏制、极限施压将伴随强国建设、民族复兴全过程。这些问题不是孤立存在的，而是相互交织叠加，联动效应明显。内部问题是风险挑战的根源，外部问题以此为契机促成风险传导升级。人到半山路更陡，船到中游浪更急。习近平总书记在二十届中央国家安全委员会第一次会议上指出，当前我们所面临的国家安全问题的复杂程度、艰巨程度明显加大，要坚持底线思维和极限思维，以应对风高浪急甚至惊涛骇浪的重大考验，保障安全可持续发展。

二、增强忧患意识、坚持底线思维的深层意蕴

底线，是不可逾越的红线、警戒线，是事物从一种质态向另一种质态蜕变的临界点。坚持底线思维，就是要"客观地设定最低目标，立足最低点争取最大期望值"。增强忧患意识、坚持底线思维意指从坏处着眼，做充分准备，"既要有防范风险的先手，也要有应对和化解风险挑战的高招；既要打好防范和抵御风险的有准备之战，也要打好化险为夷、转危为机的战略主动战。"

（一）防风险，保持战略清醒

"于安思危，于治忧乱。"纵观"两个大局"，我国发展仍处于重要战略机遇期，但由顺势而上变为顶风而上，机遇和挑战随之发生重

大变化。面对诸多变数、阻力，机遇可能演变为风险挑战，增强忧患意识就是要防止逆势演化，防范风险发生。

防微杜渐首先在于"防"。增强忧患意识、坚持底线思维首先要保持对形势的清醒认识，防止风险挑战"不期而至"。"天下之祸不生于逆，生于顺。""忧劳可以兴国，逸豫可以亡身。"忧患意识是中华民族的一个重要精神特质，也是治国理政的一个重大原则；是历史经验，也是现实要求。全面建设社会主义现代化国家意味着我们的现代化是不全面的现代化，这种不全面在新时代集中呈现为不平衡不充分。不平衡不充分的发展使把握机遇的难度增加，也增加了滋生新的风险挑战的可能。正如前述，随着经济增长换挡调速，过去被掩盖的隐性问题逐步显性化，全面建设社会主义现代化国家面临着多重交织叠加的风险挑战。同时，社会主义初级阶段的前半程，发展水平较低，与他国互补性较高，外部环境相对平稳，风险挑战较易捕捉。进入后半程，发展起来后，同他国竞争性增多，外部环境风高浪急，风险挑战的隐蔽性增加。这是实现"强起来"躲不开、绕不过的。在一个超大规模体量的国家进行现代化建设，乘数效应又使应对风险挑战的难度倍增。可以说，全面建设社会主义现代化国家是一个风险不断积累、集中显露的阶段。维护现代化成果，防止现代化进程被阻断，必须增强忧患意识、风险意识，下好先手棋，把防风险摆在突出位置。

"木桶有短板就装不满水，但木桶底板有洞就装不了水。"类比"木桶原理"，全面建设社会主义现代化国家就是要补齐短板，但这是以底板牢固、风险可控为前提。防风险要求做到未雨绸缪、见微知著。事物的发展是一个由量变积累到质变的过程，风险本身也有其发育过程，并非无迹可寻。预判风险所在是防范风险的关键，要透过现象看本质，从偶然性问题中揭示必然性规律，从苗头性、倾向性问题中洞察可能的演变趋势，进而引导其发展态势。防风险还要有战略思

经典智慧

1. 安而不忘危，存而不忘亡，治而不忘乱。——《周易·系辞下》

【释义】在国家安定的时候要不忘危险，国家存续的时候要不忘败亡，国家大治的时候要不忘变乱。

2. 忧劳可以兴国，逸豫可以亡身。——《新五代史·伶官传序》

【释义】忧虑劳苦才可以振兴国家，图享安逸必定祸害终身。

3. 明者防祸于未萌，智者图患于将来。——《三国志》

【释义】明智的人在灾祸没有萌生的时候就加以防范，聪明的人对于将来可能发生的危害会预先进行估计，只有这样，在灾祸危害发生的时候，才能从容应对。

4. 艰难困苦，玉汝于成。——《西铭》

【释义】种种艰苦困难的外部条件、坎坷挫折虽然会让人痛苦，但往往也能像打磨玉石一样磨砺人的意志，使人完善、终有所成。

维，高瞻远瞩，重点防范可能阻断现代化进程的重大风险，防止出现战略性和颠覆性错误。

（二）化危机，保证安全发展

"国家安全是民族复兴的根基，社会稳定是国家强盛的前提。"安全是发展的条件和保障，但没有绝对安全。内外因交织带来风险由潜在转为现实的可能，因而，各领域不可避免地存在风险隐患。增强忧患意识、坚持底线思维不仅指向"防祸于未萌"，也要求化解现存危机，塑造有利于发展的安全环境。

增强忧患意识、坚持底线思维，要有化解风险挑战的高招，有效应对危机，保证安全可持续发展。在全面建设社会主义现代化国家进程中，风险挑战的大小是相对的，但风险挑战的存在是绝对的。世界百年未有之大变局加速演进，更是隐含诸多诱发危机的难预料、超预期因素。化解危机首先要明确底线，底线根本上是由利益决定的，中国共产党始终代表最广大人民根本利益，坚持人民至上、以人民为中心，将人民利益作为底线。"立场决定方向，也决定行动优先序"，人民至上是危机面前作出正确抉择的根本前提。新冠疫情是近百年来人类遭遇的影响范围最广的全球性大流行病，是对全球的一次严峻考验。面对疫情冲击，中国共产党牢记底线、坚守底线，把人民生命安全和身体健康放在第一位，果断按下经济社会发展"暂停键"，集中人力物力维护人民根本利益。对于波及范围有限、防控难度小的危机，要见微知著，力争化解于源头处。"如果防范不及、应对不力，就会传导、叠加、演变、升级，使小的矛盾风险挑战发展成大的矛盾风险挑战，局部的矛盾风险挑战发展成系统的矛盾风险挑战，国际上的矛盾风险挑战演变为国内的矛盾风险挑战，经济、社会、文化、生态领域的矛盾风险挑战转化为政治矛盾风险挑战，最终危及国家政权和制度安全，可能迟滞甚至中断中华民族伟大复兴进程。"对于波及范围广、防控难度大的危机，要找准原因，果断决策，科学部署，有效应对，把代价降到最低。在重大风险考验面前，坚持底线思维首要的是"托底""保底"，确保风险可控，扛得住、过得去。在此基础上，阻断风险转化通道，守住不发生系统性风险的底线，防止风险蔓延、交叉感染。底线是事物质态转化的临界点，防止事物逆势演变，确保大局安全可控，处置风险时必须守好底线。

（三）开新局，把握历史主动

底线是事物量变到质变转化过程中向更高层次的质态飞跃和向更低层次质态蜕变两种可能之间的界限。坚持底线思维并不是保守被动，而是要从"保底"出发做准备，防范风险发生甚至演变升级，也要树立机遇意识，用好形势变化带来的变量，利用矛盾转化规律，将化解风险挑战作为打开新局面的突破口。

增强忧患意识、坚持底线思维，有守也要有为，不仅要防范化解危机，更要危中寻机，化危为机，掌握发展主动权。"问题是事物矛盾的表现形式。"矛盾双方力量对比及其斗争结果决定事物发展态势。斗争包含3种可能的结果：一是事物质态的跃升；二是事物质态的蜕

◎ 新征程是充满光荣和梦想的远征，没有捷径，唯有实干，必须把握历史主动，开辟新天地，创造新奇迹。图为一片繁忙景象的广东广州南沙港

变；三是事物质态保持相对稳定。风险挑战的出现不是毫无征兆的偶然性现象，其背后是潜在的、具有必然性的社会矛盾，是矛盾双方斗争的外显。矛盾双方斗争的 3 种可能结果决定风险挑战演变的 3 种可能方向。因此，危和机并存是亘古不变的法则，但这种并存不是绝对对立，而是危中有机，克服了危即是机。在此意义上，"挑战前所未有，应对好了，机遇也就前所未有。"因此，坚持底线思维，也意味着要树立机遇意识。坚持底线思维，其底线是保持事物质态的相对稳定，防止发生蜕变，在这一底线之上促成事物质态的跃升，实质是增强发展的安全主动性。当前大变局深度演绎，国际局势复杂多变，可以说，这是最好的时代，也是最坏的时代。人类文明发展到前所未有的高度，也面临前所未有的挑战。国内高质量发展面临诸多堵点和

瓶颈。挑战可以转化为机遇，也可能演变为风险，打通堵点、突破瓶颈即可越过风险点，将挑战转化为机遇。

在不确定不稳定的世界谋求发展，坚持底线思维，就是要站在历史正确的一边识变应变求变，从世界变局之中开创有利于发展的新局面。当前，世界范围内两种制度、两种意识形态的较量发生了有利于社会主义的转变，但尚未发生根本性转变，来自资本主义国家的挑战不减反增。坚持底线思维，就是要在变局中坚持和发展中国特色社会主义，开创社会主义新局面。建基于资本主义制度之上的现代化道路强势主导着通向现代化的道路选择，但它无法解决人类面临的一系列现代化之问，中国式现代化给出了中国方案、中国智慧。中西之治形成鲜明反差，我们要坚持底线思维，用好世界变局所包含的变量，继续开创中国式现代化的广阔发展空间。

三、现代化征程中增强忧患意识、坚持底线思维的进路

"备豫不虞，为国常道"。中国式现代化是当代中国最为宏大而独特的实践，不仅承载着强国建设民族复兴的历史使命，也承担着振兴世界社会主义运动的历史重任。但中国式现代化尚处进行时，具有未来指向性，是在同矛盾风险挑战斗争中展开的。在愈进愈难、愈进愈险的阶段，忧患意识、底线思维必须贯穿其中。要从科学的世界观

和方法论、从中国式现代化的顶层设计及其实践难题出发把握底线，
进而增强实践的预见性和主动性，开辟事业发展新天地。

（一）坚持科学世界观和方法论

"科学的世界观和方法论是我们研究问题、解决问题的'总钥
匙'。"推进中国式现代化离不开忧患意识、底线思维，而对底线的
认识是以科学的世界观和方法论为前提的。有科学的方法依循，才能
在面对各种矛盾问题和重大风险挑战时始终做到方向明确、头脑清
醒、应对有方、行动有力。

"六个必须坚持"为认识和研究底线提供了科学指南。党的二十
大报告首次对习近平新时代中国特色社会主义思想的世界观和方法论
作了概述，"六个必须坚持"是马克思主义世界观和方法论中国化的
集中表达，为研究解决中国问题提供了科学指南。"六个必须坚持"
明确了把握中国式现代化底线的着力点。坚持人民至上明确了中国式
现代化在根本取向上要站稳人民立场，将人的现代化、人的自由全面
发展作为现代化实践的评判准则，将人民利益作为底线；坚持自信自
立明确了在道路选择上要立足实际，走自己的路，以是否契合历史趋
势、本国实际、历史文化传统为评判标准，将独立自主作为底线；坚
持守正创新明确了在原则性问题上要守好本和源，不能在改革中走上
改旗易帜的邪路，将坚持马克思主义基本原理、坚持党的领导、坚持
中国特色社会主义作为底线；坚持问题导向给出了把握底线的现实着
眼点，强调要增强问题意识，聚焦原则性、时代性、重点难点问题，

从问题出发明确发展底线；坚持系统观念明确了在基本方法上不能以孤立、片面、静止的观点观察事物，防止畸形发展；坚持胸怀天下从世界视野明确了谋求自身发展不能以损害他国利益为代价，以和平发展、互不侵犯为底线。

包括底线思维在内的科学思想方法提供了全面认识底线的多重视角。从战略思维来看，坚持底线思维不仅要守底，更要未雨绸缪，做好前瞻性规划。从历史思维来看，坚持底线思维要充分汲取历史经验，从历史和现实的结合中寻求化解风险挑战的更好策略。从辩证思维来看，坚持底线思维不能被动防守，要在对立统一中看待矛盾问题，化消极因素为积极因素。从系统思维来看，坚持底线思维要从全局出发作谋划，防止风险传导链接。从创新思维来看，坚持底线思维要在对底线的清醒认识基础上突破思维定式，不断拓展对新生事物认识的广度和深度，化危为机。从法治思维来看，法治作为最后一道防线，要确保在法治轨道上行进，用法治方式化解矛盾。中国式现代化作为一项探索性事业，确保不突破底线，行稳致远，首先要从方法论层面获得对底线的全面认识。

（二）把握中国式现代化顶层设计

党的二十大报告从中国式现代化的中国特色、本质要求、重大原则等方面对推进中国式现代化作出顶层设计。此后，习近平总书记的系列重要讲话使其日臻清晰完善。这一顶层设计既是理论概括也是实践要求，既是对中国现代化图景的美好擘画，也是对现代化实践的基本规定，包含着不可逾越的底线。

从根本性质来看，中国式现代化是中国共产党领导的社会主义现代化，这是不可触碰的底线。"党的性质宗旨、初心使命、信仰信念、政策主张决定了中国式现代化是社会主义现代化，而不是别的什么现代化。"党的领导根本改变了中国现代化的前途命运，使其在同社会主义的结合中获得广阔发展空间。坚持党的领导才能确保中国式现代化沿着正确方向前进，否则就会偏离航向、触碰底线，犯颠覆性错误。苏联社会主义现代化的倾覆，根本原因就在于放弃党的领导。党的领导是对中国式现代化"管总、管根本的"规定。

从根本遵循来看，推进中国式现代化要坚持以习近平新时代中国特色社会主义思想为指导。"中国共产党为什么能，中国特色社会主义为什么好，归根到底是马克思主义行，是中国化时代化的马克思主义行。"习近平新时代中国特色社会主义思想包含着对中国式现代化的最新规律性认识，集中华优秀传统文化、科学社会主义先进本质和人类优秀文明成果于一体，是求解中国之问的理论成果。要自觉以中国之理指导中国之治，避免以他者理论机械裁剪中国实践。

从中国特色来看，推进中国式现代化要克服西方现代化积弊。资本主义生产方式历史性地开启了人类现代化进程，推动人类文明的现代变革，但以资本增殖为核心的现代化带来的是有限的文明、是野蛮和文明双重变奏。中国式现代化要坚持以人的现代化为轴心，谨防资本无序扩张，要在驾驭资本中使其服务于人的发展需要；以共同富裕克服两极分化；以物质文明和精神文明协调发展克服单向度的片面发展；以人与自然和谐共生克服人与自然之间的紧张关系；以和平发展置换霸权思维、对外掠夺扩张逻辑。要言之，中国式现代化要以资本主义现代化为鉴，避免文明成果的自我反噬。

从本质要求来看，要从塑造主动权的高度把握新征程推进中国式现代化的底线。中国的现代化是后发现代化，中国共产党作为非经济因素具有不同于其他政治力量的独特优势，中国特色社会主义具有多方面的显著优势，二者合力作用使中国在后发追赶进程中有效应对了时空压缩、资源紧缺等难题，并创造了"两个奇迹"。"五位一体"的整体性设计避免了畸形发展可能滋生的风险隐患，也使现代化在联动互促中高质量推进。世界历史的深度演绎使各国命运与共，推进中国式现代化要积极构建人类命运共同体，创造人类文明新形态，在校正文明偏差中掌握历史主动。

从重大原则来看，提供了应对风险挑战的基本遵循。新征程，推进中国式现代化要准备经受来自内外部的重大考验，一方面，自身发展面临诸多躲不开、绕不过的深层次矛盾问题；另一方面，来自外部的打压遏制随时可能升级。坚持和加强党的全面领导才能确保在重大考验中方向明确、行动有力；坚持中国特色社会主义道路才能将发展进步命运掌握在自己手中；坚持以人民为中心才能在风险来临时有明确的立场、可靠的依靠力量；坚持深化改革开放才能有效应对危机，增强发展动力；以斗争求安全则安全存，以软弱退让求安全则安全亡，坚持发扬斗争精神才能从战略上获得主动权。

（三）直面中国式现代化的实践难题

认识与实践辩证统一，认识来源于实践，又在实践展开中得以提升。增强忧患意识、底线思维同防范化解重大风险的实践相互促进。在抗地震、战洪水、防疫情等过程中有效化解危机是坚持底线思维的显著成效，同时，每一次应变局、化危机的实践又成为强化忧患意识和底线思维的契机。立足具体的历史现实，直面全面建成小康社会之后推进和拓展中国式现代化所面临的问题是增强忧患意识和底线思维的根本进路。

忧患意识和底线思维不会在纯粹的认识范畴中强化，也不会脱离实践凭空产生。新征程上，增强忧患意识、坚持底线思维既要从认识论出发，在科学的世界观和方法论指导下明晰底线所在，也要坚持实践第一的观点，以实际问题强化忧患意识。"强调社会实践在认识过程中的意义，就在于只有社会实践才能使人的认识开始发生，开始从客观外界得到感觉经验。"忧患意识和底线思维的生发有其实践基础。中国式现代化的推进和拓展从来不是一帆风顺的。复杂的基本国情、严峻的外部环境决定了探索契合自身实际的现代化道路，并在这条道路上坚定不移地推进现代化必然会面临前所未有、史所未有的风险挑战，必然要进行伟大斗争。中国共产党的忧患意识和底线思维生成于应对革命、建设和改革实践中的矛盾问题、风险挑战的过程。葆有忧患意识和底线思维是党百余年奋斗的重要经验，但这一经验的应用需结合新的实际、新的问题，否则必然会被阶段性成就弱化。中国式

延伸阅读

第 52 次《中国互联网络发展状况统计报告》显示，截至 2023 年 6 月，我国网民规模达 10.79 亿人，较 2022 年 12 月增长 1109 万人，互联网普及率达 76.4%。其中，即时通信、网络视频、短视频是主要应用场景，其用户规模分别达 10.47 亿人、10.44 亿人和 10.26 亿人，稳居前三。互联网已深度融入社会，但万物互联一定程度上也意味着风险互联，网络诈骗、造谣传谣、假冒仿冒、违规营利等问题突出，截至 2023 年 5 月 22 日，重点平台累计清理违规信息 141.09 万余条，处置违规账号 92.76 万余个，其中永久关闭账号 6.66 万余个，对外发布公告 110 余期。信息化、数字化是现代化加速演绎的助推器，但也滋生着新的风险隐患，辩证认识互联网发展，坚持底线思维，确保安全发展。

现代化所处阶段与自身远景目标、世界先进水平之间仍存在较大差距。正确认识和把握这一差距所包含的短板和弱项，才有可能自觉强化忧患意识和底线思维。

强化问题意识、坚持矛盾普遍性原理，正确认识新征程中国式现代化新问题。从积贫积弱到世界第二大经济体，从向外求索到自主创新，从文明蒙尘到文明复兴，中国式现代化有效化解了来自自然界和社会各领域的诸多矛盾，尤其是可能阻滞中华民族伟大复兴的重大风险挑战。但矛盾时时存在、处处存在。现代化实践愈进愈难，现代化内涵外延不断拓展，发展中的短板、弱项逐步显现，并成为新的风险源。就不平衡的发展方面而言，虽然解决了绝对贫困问题，但城乡差距仍然较为明显，滋生着不稳定因素；区域协调发展战略尚未根本改变区域间显著差距，各地资源占有不均，欠发达地区的矛盾问题存在逆势演化的可能。就不充分的发展而言，科技创新能力不强，发展面临"卡脖子"问题；数字经济成为高质量发展新引擎，数字安全问题逐渐凸显。此外，生育、养育、教育成本影响着人口结构，进而影响经济社会的持续健康发展等。推进中国式现代化所需处理的一系列问题对增强忧患意识、坚持底线思维提出新的更高要求，不仅需要具备更高程度的忧患意识，而且要求拓展对底线的认识。坚持问题导向，正视实践中的问题，忧患意识、底线思维才可能被置于和发展同样重要的高度。

"明者防祸于未萌，智者图患于将来。"现代化是一个整体性社会变迁的过程，这一过程本身滋生着风险和动荡，忧患意识、底线思维是现代化进程所必需的。忧患意识、底线思维会随发展水平的提升而淡化，但发展从来不是顺风顺水的。在世界百年未有之大变局这一宏阔背景下推进中国式现代化，机遇和挑战都前所未有，坚持底线内在要求有守有为，既要增强忧患意识，也要树立机遇意识，在识变中防风险、在应变中化危机、在求变中开新局。

第十一章

光荣远征

——用新的伟大奋斗创造新的伟业

中国共产党第二十次全国代表大会是在党和国家踏上新征程的关键时刻召开的一次具有重大历史意义的会议，习近平总书记在参加党的二十大广西代表团讨论时强调，要"牢牢把握团结奋斗的时代要求。全党全国各族人民要在党的旗帜下团结成'一块坚硬的钢铁'，心往一处想、劲往一处使，推动中华民族伟大复兴号巨轮乘风破浪、扬帆远航"。不同于以往，党的二十大将"团结奋斗"上升到了大会主题的高度，习近平总书记向全国各族人民发出号召，"党用伟大奋斗创造了百年伟业，也一定能用新的伟大奋斗创造新的伟业"。新的伟业，就是要继续推进和拓展中国式现代化，在21世纪中叶全面建成富强民主文明和谐美丽的社会主义现代化强国。值此关键历史节点，中国共产党应当如何用新的伟大奋斗创造新的伟业？以史为鉴、开创未来，必须在不断开辟马克思主义中国化时代化新境界过程中，在科学把握中国式现代化理论体系过程中，在深入践行"三个务必"的行动自觉过程中创造新的伟业。

一、在不断开辟马克思主义中国化时代化新境界过程中创造新的伟业

用新的伟大奋斗创造新的伟业，首先要回答"举什么旗"的问题。实践告诉我们，中国式现代化之所以能取得举世瞩目的伟大成就，归根到底是因为中国化时代化的马克思主义行。新的伟大奋斗，要求我们深入贯彻习近平新时代中国特色社会主义思想，以实践基础上的理论创新不断为中国式现代化指引方向。

（一）坚持"两个结合"，不断回答时代之问和人民之问

坚持马克思主义基本原理同中国具体实际相结合、同中华优秀传统文化相结合是习近平新时代中国特色社会主义思想的重要内容，是开辟马克思主义中国化时代化新境界的根本途径。一方面，马克思主义基本原理同中国具体实际相结合，就是要运用马克思主义科学的世界观和方法论解决中国的问题。而中国具体实际始终处于从量变到质变、又从质变到新的量变的螺旋式上升过程中，在不同时期呈现出相应的阶段性特征。因此，推进马克思主义基本原理同中国具体实际相结合，关键在于及时把握中国具体实际发展变化的阶段性特点，及时总结新的实践经验。以"底子薄"为例，改革开放之初，中国不论是人民生活水平还是国内生产总值与发达国家相比都存在较大差距，经

过 40 余年的稳步发展，"2021 年我国国内生产总值达到 17.7 万亿美元，占世界经济的比重达到 18.5%，稳居全球第二大经济体，人均 GDP 达到 1.2551 万美元，距离高收入国家标准 1.27 万美元已是一步之遥，居民财富总量达 687 万亿人民币，也稳居世界第二位"。虽然我国现在仍处于社会主义初级阶段，但"底子薄"的情况已经发生显著变化，目前主要是科技基础底子薄。党的二十大报告提出，"必须坚持科技是第一生产力、人才是第一资源、创新是第一动力，深入实施科教兴国战略、人才强国战略、创新驱动发展战略，开辟发展新领域新赛道，不断塑造发展新动能新优势"，凸显了习近平新时代中国特色社会主义思想的问题意识，为推进和拓展中国式现代化提供了科学的理论指导。

另一方面，马克思主义基本原理同中华优秀传统文化相结合，就是要把马克思主义思想精髓同中华优秀传统文化精华贯通起来、同人民群众日用而不觉的共同价值观念融通起来，不断赋予科学理论鲜明

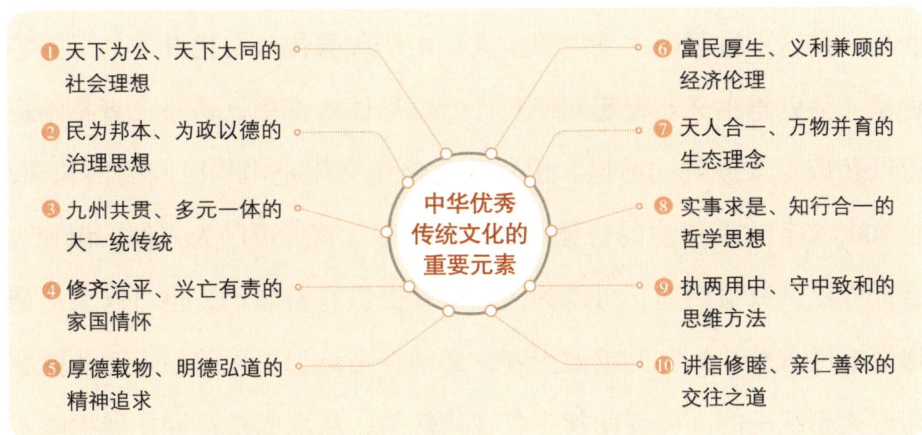

① 天下为公、天下大同的社会理想
② 民为邦本、为政以德的治理思想
③ 九州共贯、多元一体的大一统传统
④ 修齐治平、兴亡有责的家国情怀
⑤ 厚德载物、明德弘道的精神追求

中华优秀传统文化的重要元素

⑥ 富民厚生、义利兼顾的经济伦理
⑦ 天人合一、万物并育的生态理念
⑧ 实事求是、知行合一的哲学思想
⑨ 执两用中、守中致和的思维方法
⑩ 讲信修睦、亲仁善邻的交往之道

的中国特色。作为两种具有明显的时间差、空间距和民族别的思想体系，马克思主义与中华优秀传统文化的历史差异性固然不可否认，但实际上，二者"存在着否定之否定意义上的某种一致性"。中华优秀传统文化中蕴含的天下为公、民为邦本、为政以德等精神特质作为中国人民在长期生产生活中积累的宇宙观、天下观、社会观、道德观的重要体现，同科学社会主义价值观主张具有高度契合性。这是马克思主义与中华优秀传统文化在静态比较中天然具有的共通性，也是二者相结合的基础和前提。同时，这种高度契合性随着时代的变化发展而不断拓展深化，既实现了中华优秀传统文化的创造性转化、创新性发展，也充实了中国化时代化马克思主义的文化内涵。值得注意的是，在这一过程中，马克思主义与中华优秀传统文化并非处于同等地位，马克思主义始终起着绝对性、主导性的作用，这是二者相结合得以获取重大成效的前提。中华优秀传统文化是中华民族的根和魂，是5000多年文明历史的智慧结晶，其中蕴含着"可以为人们认识和改造世界提供有益启迪，可以为治国理政提供有益启示，也可以为道德建设提供有益启发"的重要内容，必须在马克思主义的指引下从内容与形式相统一的高度促使其完成现代转型，从而为推进和拓展中国式

现代化提供源源不断的文化动力。总而言之，新征程着力推进马克思主义基本原理同中华优秀传统文化相结合，必须找准二者的结合点，进一步提炼中华优秀传统文化的精神标识和文化精髓，不断深化和拓展中华优秀传统文化同科学社会主义价值观主张的高度契合性，充分彰显中国式现代化的文明底蕴。

（二）遵循"六个必须坚持"，科学把握习近平新时代中国特色社会主义思想的世界观和方法论

党的二十大报告将习近平新时代中国特色社会主义思想的世界观和方法论概括为"六个必须坚持"，即坚持人民至上、坚持自信自立、坚持守正创新、坚持问题导向、坚持系统观念、坚持胸怀天下，为在不断开辟马克思主义中国化时代化新境界过程中创造新的伟业提供了根本遵循。

坚持人民至上体现了习近平新时代中国特色社会主义思想的价值立场。党的二十大报告指出："人民性是马克思主义的本质属性，党的理论是来自人民、为了人民、造福人民的理论，人民的创造性实践是理论创新的不竭源泉。"开辟马克思主义中国化时代化新境界，要充分尊重人民群众的主体地位和首创精神，承认人民是历史的创造者，同时充分汲取人民的智慧，在精神文明层面致力于满足人民日益增长的美好生活需要，筑牢中国式现代化的精神文明根基。广大理论工作者要站稳人民立场，创造出为人民所喜爱、所认同、所拥有的理论，凝聚人民力量，为推进和拓展中国式现代化形成合力。

坚持自信自立体现了习近平新时代中国特色社会主义思想的理论立场。马克思主义始终占据着真理和道义的制高点，马克思主义的中国篇章是中国共产党人依靠自身力量实践出来的，贯穿其中的一个基本点就是中国的问题必须从中国基本国情出发，由中国人自己解答。在党的历史上，曾经出现过教条主义者和经验主义者，对中国的现代化事业造成了巨大损失，新征程上，在坚定中国化时代化马克思

延伸阅读

　　"一墩难求"的北京冬奥会"顶流"——吉祥物"冰墩墩"，活泼敦厚的形象诠释出中国创造非凡、探索未来的自信，展示了中华民族以和为贵、热情好客的民族品格。"雪如意""雪游龙""雪飞天""冰丝带"等极具中国风的比赛场馆，成为展示中国文化独特魅力的重要窗口。极具诗意的二十四节气倒计时、开门迎客的"冰雕中式门窗"、倾泻而下的"黄河之水"、空灵烂漫的唯美雪花、如梦如幻的"折柳寄情"……在北京冬奥会开闭幕式上，一幕幕中华意蕴融合现代科技的恢宏壮观画面展示出更有气度的当代中国。燃烧了百年的奥运圣火从"熊熊大火"变成"一缕微火"，这一石破天惊的改变，这份举重若轻、意尽则止的潇洒，这份敢为人先、大胆革新的气魄，正是源于5000多年深厚的文化底蕴、源于属于中国人的文化自信，传达了大道至简、以小见大、一叶知秋、见微知著的中国思想，也向世界传递了新时代中国自立自强的精神风貌。

主义理论自信的同时，既不能刻舟求剑、封闭僵化，也不能照搬照抄、食洋不化。应当在充分吸收世界各国包括资本主义所创造的一切人类文明成果的基础上，建构体现中国特色、中国风格、中国气派的学科自主知识体系，使中国哲学社会科学更好地走向世界，彰显中国式现代化的世界历史意蕴。

坚持守正创新体现了习近平新时代中国特色社会主义思想的创新思维。中国式现代化和人类文明新形态的开创不仅在中华民族发展史上，而且在人类文明发展史上具有里程碑意义。这一过程既需要守马克思主义和中国特色社会主义之"正"，又需要突破教条主义和形式主义的束缚，在不断的创新中把握时代、引领时代。开辟马克思主义中国化时代化新境界，要做到以科学的态度对待科学、以真理的精神追求真理，坚持马克思主义基本原理不动摇、坚持党的全面领导不动摇、坚持中国特色社会主义不动摇。同时，要积极接纳新生事物，说新话、干新事、立新论、开新业，不断追赶时代潮流。

坚持问题导向体现了习近平新时代中国特色社会主义思想的实践观点。"问题是创新的起点，也是创新的动力源。"习近平新时代中国特色社会主义思想蕴含的新理念新观点，都聚焦于新时代实践遇到的新问题，包括改革发展稳定存在的深层次问题、人民群众急难愁盼问题、国际变局中的重大问题、党的建设面临的突出问题等。这些问题的解决能够为中国式现代化的发展扫清阻碍，进一步开拓中国式现代化的格局视野。党的二十大报告强调："今天我们所面临问题的复杂程度、解决问题的艰巨程度明显加大，给理论创新提出了全新要

康庄大道
——中国式现代化是什么

北京冬奥会冬残奥会吉祥物
"冰墩墩""雪融融"

冬奥健儿赛场竞技

求。"因此，必须增强问题意识，以科学的理论思维和正确的价值导向科学地解决问题，推进实践基础上的理论创新，将中国式现代化的发展引向深入。

坚持系统观念体现了习近平新时代中国特色社会主义思想的辩证思维。在唯物史观的视域中，"两个相互矛盾方面的共存、斗争以及融合成一个新范畴，就是辩证运动"。只有立足唯物辩证法的理论基础，以系统观念谋全局，才能把握中国式现代化的发展规律。在不断开辟马克思主义中国化时代化新境界中创造新的伟业，必须通过历史看现实，透过现象看本质，把握好全局和局部、当前和长远、宏观和微观、主要矛盾和次要矛盾、特殊和一般的关系，不断提高战略思维、历史思维、系统思维、辩证思维、创新思维、法治思维、底线思维能力，为推进和拓展中国式现代化提供新的思想方法。

◎北京冬奥会开幕式"构建
一朵雪花"环节

◎北京冬奥会闭幕式"折柳寄情"环节

　　坚持胸怀天下体现了习近平新时代中国特色社会主义思想的世界历史思维。中国共产党是为中国人民谋幸福、为中华民族谋复兴的党，也是为人类谋进步、为世界谋大同的党。早在新中国成立之初，毛泽东就指出："中国应当对于人类有较大的贡献。"改革开放40多年，中国始终以自身的实际行动为人类社会作出贡献，在疾风骤雨中展现出大国的责任和担当。1997年面对亚洲金融风暴，中国扮演了"定海神针"的角色；2008年面对世界金融危机，中国扮演了"增长引擎"的角色；2022年面对世纪疫情和全球经济形势动荡，中国扮演了"稳定岛"的角色。在不断开辟马克思主义中国化时代化新境界中创造新的伟业，必须拓展世界眼光，深刻洞察人类发展进步潮流，以海纳百川的胸襟汲取人类文明一切优秀成果，以中国式现代化的发展不断为世界现代化发展提供新的机遇。

二、在科学把握中国式现代化理论体系过程中创造新的伟业

推进和拓展中国式现代化，必然要求不断深化对中国式现代化的认识。党的十八大以来，以习近平同志为核心的党中央"初步构建中国式现代化的理论体系，使中国式现代化更加清晰、更加科学、更加可感可行"。只有科学把握中国式现代化理论体系，回答好"走什么路"，才能在新的伟大奋斗中创造出新的伟业。

（一）深刻领会中国式现代化的根本性质

关于中国式现代化的根本性质，党的二十大报告指出，"中国式现代化，是中国共产党领导的社会主义现代化"。这一定义从总体上回答了中国式现代化"是什么"，其中含有两个关键词，即中国共产党领导、社会主义。二者缺一不可，共同决定了中国式现代化的内涵和外延。

首先，中国式现代化是中国共产党领导的现代化。党的领导决定中国式现代化的根本性质，这是中国式现代化区别于西方现代化的根本标志。第一，党的领导确保中国式现代化沿着正确方向稳步前行，尤其是在当前国内外环境日益复杂，各类风险与挑战层出不穷的环境下，只有坚持党的领导才能确保中国式现代化沿着中国特色社会主义的光明大道顺利推进。第二，党的领导凝聚起建设中国式现代化的磅

礴力量。中国式现代化属于全体人民，服务于全体人民。作为一个以人民为中心的无产阶级政党，中国共产党始终寻求最大公约数，画出最大同心圆，由此形成了全世界中华儿女心往一处想、劲往一处使的生动局面，汇聚起推进和拓展中国式现代化的磅礴力量。第三，党的领导为中国式现代化提供科学指引。中国式现代化之所以能够取得举世瞩目的伟大成就，主要取决于一代又一代共产党人持续不断的艰辛探索。在这一过程中，中国共产党不断推进实践基础上的理论创新，不断为中国式现代化擘画新的战略目标，制定科学的战略部署，使中国式现代化得以行稳致远。

然后，中国式现代化是社会主义现代化。中国共产党的性质和宗旨决定了中国式现代化必然坚持社会主义定向，社会主义性质是把握中国式现代化理论体系的核心线索。从根本上看，中国式现代化的优越性源自社会主义制度的优越性，通过与资本主义现代化相比较得以彰显。资本主义现代化奉资本逻辑为圭臬，追求片面的发展，造成人的异化、物化和单向度发展，导致人与自然之间的物质变换出现不可修复的断裂，极端推崇个人主义，走对内剥削对外掠夺殖民的霸权发展道路。习近平总书记指出，中国式现代化"摒弃了西方以资本为中心的现代化、两极分化的现代化、物质主义膨胀的现代化、对外扩张掠夺的现代化老路，拓展了发展中国家走向现代化的途径，为人类对更好社会制度的探索提供了中国方案"。这一论断集中体现了中国式现代化是社会主义现代化而不是其他什么主义的现代化，从比较的视角揭示了中国式现代化相较于西方资本主义现代化的独特性和优越性。

（二）充分明确中国式现代化的中国特色

作为人类社会发展的必然趋势，实现现代化早已成为世界各国共同追寻的目标。西方国家因缘际会率先完成工业革命，通过工业化走出了一条实现现代化的西方道路并取得了巨大成功，其开创的资本主义现代化模式为诸多后发现代化国家所争相效仿。但现代化的必然命运并不等同于因循前人旧路，具有普遍性的现代化任务只有在各民族具体的社会历史实践中才能得以完成。中国共产党坚持将马克思主义基本原理同中国具体实际相结合、同中华优秀传统文化相结合，赓续传承中华文明的优质基因，塑造了中国式现代化的中国特色。同西方国家比较而言，"中国特色"主要体现在以下几个方面。

从人口规模来看，中国式现代化是人口规模巨大的现代化。世界现有的现代化国家人口总数不超过 10 亿，到本世纪中叶全面建成社会主义现代化强国之时，世界现代化国家人口数量将大幅提高，其意义无疑是极大的，其艰巨性和复杂性也是前所未有的。世界上没有任何一个国家能够在人口规模上给中国实现现代化提供可循的先例，这也决定了推进和拓展中国式现代化的途径和方式必然具有自己的特点。

从贫富差距来看，中国式现代化是共同富裕的现代化。法国经济学家托马斯·皮凯蒂在《21 世纪资本论》中对过去 300 年西方社会的贫富差距进行了回顾分析，指出私人资本与国民收入之比，比例越高，社会贫富差距越大。就欧洲而言，在第二次工业革命后的几十年内（1870—1910 年），该比例高达 600%—700%；两次世界大战期间，该比例逐渐下降至 200%—300%，而到了 21 世纪头十年又攀升至 500%—600%，而且还在呈上升之势。中国式现代化坚持把实现人民对美好生活的向往作为现代化建设的出发点和落脚点，着力维护和促进社会公平正义，着力促进全体人民共同富裕，坚决防止两极分化。新时代以来，中国式现代化打赢了脱贫攻坚战，实现了全面建成小康社会的阶段性目标，推动实现全体人民共同富裕取得了实质性进展。

从主要内容来看，中国式现代化是物质文明同精神文明相协调的现代化。资本主义现代化在创造物质财富的同时，精神层面的问题却层出不穷。所谓的民主、自由、平等、博爱等价值追求越来越成为空洞的口号和装饰品，越来越多的人由于精神上的无所依归逐渐滑入了伪善、放纵、颓废的深渊。美国国家精神卫生研究所对美国大学生进行的调查显示："2010 年有 20% 的受访者符合抑郁症和焦虑症标准，2012 年则有 25%。"中国式现代化重视物质文明与精神文明的协调发展，经过几代人的努力，中国式现代化不仅从根本上解决了物质匮乏问题，厚植了现代化的物质基础，而且大力发展社会主义先进文化，加强理想信念教育，传承中华文明，取得了物质文明建设和精神文明建设的双丰收。

从生态文明意蕴来看，中国式现代化是人与自然和谐共生的现代化。资本主义现代化在其发展历程中大多走的是先污染后治理的老路，酿成了 1930 年比利时马斯河谷烟雾事件、1952 年英国伦敦烟雾事件、20 世纪 40 年代至 60 年代美国洛杉矶光化学污染事件等诸多悲剧。中国式现代化一方面坚持马克思主义的生态文明思想，另一方面积极总结世界各国现代化的经验教训，在注重经济发展的同时主动保护生态环境，使绿水青山就是金山银山的生态文明理念深入人心，绿色发展成为新发展理念的重要内容，美丽中国建设取得历史性成就，受到国际社会广泛赞誉。

从现代化的范式来看，中国式现代化是走和平发展道路的现代化。历史地看，西方主要发达国家在推进现代化过程中，都不同程度地奉行丛林法则，发动或参与过殖民主义、帝国主义战争。中国正是深受这条损人利己、充满血腥和罪恶的现代化老路影响的国家。中国式现代化打破了"国强必霸"的霸权逻辑，以和平共处方式同世界各国进行交往，在发展自身的同时，给世界各国人民带来实实在在的福祉。尤其是进入新时代以来，中国式现代化持续推动构建人类命运共同体，积极参与构建新型国际关系和全球治理体系，为世界和平发展提供了中国智慧、中国方案。

（三）坚定贯彻中国式现代化的本质要求

推进和拓展中国式现代化是一项系统工程，需要统筹兼顾、系统谋划、整体推进。党的二十大报告为推进这一系统性工程提出了 9 个方面的本质要求：坚持中国共产党领导，坚持中国特色社会主义，实现高质量发展，发展全过程人民民主，丰富人民精神世界，实现全体人民共同富裕，促进人与自然和谐共生，推动构建人类命运共同体，创造人类文明新形态。

上述 9 个方面的本质要求均是对中国式现代化本质和内涵的展开，旨在回答推进和拓展中国式现代化要"干什么""如何干"的问题。坚持中国共产党领导、坚持中国特色社会主义是推进和拓展中国式

◎ 壶口瀑布黄河水奔腾向前

◎ 长江三峡秭归段运输忙

◎ 促进人与自然和谐共生，是中国式现代化的鲜明特点

现代化的总体要求，突出强调的是，不管做什么领域的工作，都必须在党的统一领导下进行，而不能各行其是；都必须始终沿着中国特色社会主义道路前进，而绝不走邪路、老路。实现高质量发展、发展全过程人民民主、丰富人民精神世界、实现全体人民共同富裕、促进人与自然和谐共生是推进和拓展中国式现代化对各领域的要求，突出强调的是，推进和拓展中国式现代化，必须推动物质文明、政治文明、精神文明、社会文明、生态文明协调发展，推动工业化、城镇化、农业现代化、信息化等领域"并联式"发展。推动构建人类命运共同体、创造人类文明新形态彰显了推进和拓展中国式现代化的世界历史

意蕴。突出强调的是，中国式现代化始终是世界现代化的重要组成部分，中国式现代化不仅造福中国人民，而且造福世界人民，以中国的新发展为世界提供新机遇，推动建设开放型世界经济，推动全球治理朝着更加公正合理的方向发展。

总而言之，中国式现代化9个方面本质要求具有内在联系，是不可分割的整体。既有深厚的历史积淀，体现了对党推进中国式现代化长期历史经验的科学总结，又有新时代新征程推进中国式现代化的鲜明特点，体现了以习近平同志为核心的党中央提出的治国理政新理念新思想新战略。坚决按照这些要求推进和拓展中国式现代化，全面建成社会主义现代化强国，以中国式现代化全面推进中华民族伟大复兴的目标一定能够顺利完成。

（四）科学统筹中国式现代化的重大原则

在科学把握中国式现代化理论体系中创造新的伟业，离不开对科学的方法原则的把握。党的二十大报告将推进和拓展中国式现代化的重大原则概括为5个方面：坚持和加强党的全面领导，坚持中国特色社会主义道路，坚持以人民为中心的发展思想，坚持深化改革开放，坚持发扬斗争精神。五者相互影响、相互联系，共同构成推进和拓展中国式现代化的科学方法论。这5个方面重大原则的提出，"是中国式现代化的性质和特征之规定使然，是全面建设社会主义现代化国家之必然要求，是积极应对大考之主动准备"。让全党全国各族人民对推进和拓展中国式现代化、对全面建设社会主义现代化国家的实践要求了然于胸，从而为创造新的伟业打下了坚实基础。

坚持和加强党的全面领导，是保障推进中国式现代化不走偏、保持中国特色的"魂"之所在；坚持中国特色社会主义道路，是保障推进中国式现代化不走偏、守住中国特色的"质"之所在；坚持以人民为中心的发展思想，是保障推进中国式现代化不走偏、护好中国特色的"根"之所在；坚持深化改革开放、坚持发扬斗争精神，是保障推进中国式现代化不走偏的"重要法宝"。就这 5 个方面重大原则的内在结构而言，坚持和加强党的全面领导回答"谁来领导"问题，坚持中国特色社会主义道路回答"采取何种路径和方略"问题，坚持以人民为中心的发展思想回答"发展为了谁"问题，坚持深化改革开放回答"动力源"问题，坚持发扬斗争精神回答"保持什么样的精神状态"问题。质言之，5 个方面重大原则写就了以中国式现代化全面推进中华民族伟大复兴的行动纲领和行动方案，搭建了中国式现代化的实践运作框架。

三、在深入践行"三个务必"的行动自觉过程中创造新的伟业

习近平总书记在党的二十大报告中指出："全党同志务必不忘初心、牢记使命，务必谦虚谨慎、艰苦奋斗，务必敢于斗争、善于斗争，坚定历史自信，增强历史主动，谱写新时代中国特色社会主义更加绚丽的华章。""三个务必"高屋建瓴、立意深远，是顺应时代之

变、符合民心所向的重大论断。三者分别对应伟大建党精神、伟大奋斗精神、伟大斗争精神，共同塑造了用新的伟大奋斗创造新的伟业的基本精神面貌。

（一）务必不忘初心、牢记使命，深入践行伟大建党精神

中国共产党在百余年的团结奋斗中形成了"坚持真理、坚守理想，践行初心、担当使命，不怕牺牲、英勇斗争，对党忠诚、不负人民的伟大建党精神"，是党的精神动力之源。伟大建党精神同推进和拓展中国式现代化具有内在逻辑的一致性，"使中国对现代化的探索追求由被动转入主动"，充分彰显了中国共产党的历史自信和精神主动。一方面，深入践行伟大建党精神，能够为党的自我革命提供丰厚精神滋养，使其永葆先进性和纯洁性，不断增强中国式现代化的发展定力。深入践行伟大建党精神，要坚持以马克思主义理论武装头脑，学深悟透马克思主义的核心要义和精神实质，在理论与实际的紧密联系中推动马克思主义入脑入心，深植中国共产党人的血脉灵魂；要持续纵深推进全面从严治党，以自我革命的历史主动进一步加强党的建设，坚决清除一切危害党的纯洁性和先进性的因素，加强党的政治建设、作风建设和制度建设，将新时代党的建设新的伟大工程推向新的高度；要不断赓续传承党的红色血脉，摸清红色家底，深挖红色资源，依托现代科技，讲好党的故事，以红色革命文化为支点凝聚推进和拓展中国式现代化的精神力量。另一方面，深入践行伟大建党精神，能够汇聚起中华民族团结奋斗的磅礴伟力，

形成海内外全体中华儿女心往一处想、劲往一处使的生动局面。深入践行伟大建党精神，要将其置于中国共产党人精神谱系之中，坚持"源"与"流"的辩证思维，借助伟大建党精神的"根系"牵引，为新时代党的精神谱系的构筑提供科学依据；要将其置于人民群众以中国式现代化全面推进中华民族伟大复兴的实践中，激励共产党人发扬坚持真理、坚守理想的信仰，以历史合力的姿态书写全面建设社会主义现代化国家新篇章。

（二）务必谦虚谨慎、艰苦奋斗，深入践行伟大奋斗精神

"团结奋斗是中国人民创造历史伟业的必由之路"，伟大奋斗精神是党领导人民应对前进道路上的重大挑战、重大风险、重大阻力、重大矛盾的有力精神武器。深入践行伟大奋斗精神，关键点和落脚点在于如何奋斗、怎样奋斗。就社会层面而言，要坚守满足人民美好生活需要的奋斗立场，让中国式现代化更好地服务人民。秉持与人民群众同呼吸、共命运的理念，明确从群众中来、到群众中去的工作方法。不仅要专注于为本国人民谋求发展和幸福，还应立足世界为增进全人类的共同福祉贡献中国力量和中国智慧。应当明确的是，"奋斗是长期的，前人栽树、后人乘凉，伟大事业需要几代人、十几代人、几十代人持续奋斗"。因此，青年群体必须坚定信仰、坚守信念、坚持信心，以敢于担当的精神风貌接续奋斗，把"为中国人民谋幸福、为中华民族谋复兴"的职责使命刻在心里、担在肩上，做勇于担当的"奋斗达人"。就个人层面而言，要坚持"爱奋斗""敢奋斗""能奋

经典智慧

1.士不可以不弘毅，任重而道远。——《论语·泰伯》

【释义】人不能不宽宏坚毅，以天下为己任，责任重大而路途遥远。

2.物有甘苦，尝之者识；道有夷险，履之者知。——《拟连珠》

【释义】任何事物都有甘苦，只有尝试过才知道；天下道路都有平坦坎坷，只有走过才能明白。

3.看似寻常最奇崛，成如容易却艰辛。——《题张司业诗》

【释义】看似平常，但仔细品味，却十分奇特。成功貌似容易，不费力气，却是千锤百炼艰辛付出的结果。

4.功崇惟志，业广惟勤。——《尚书·周书·周官》

【释义】取得伟大的成绩，在于志向远大；完成伟大的事业，在于勤奋努力。

斗"的有机结合，做好中国式现代化的参与者、建设者。要树立"奋斗幸福观"，激发"爱奋斗"的内生动力，规避"躺赢""躺平"等消极态度，将伟大奋斗精神内化于心、外化于行，以自由自觉的奋斗为推进和拓展中国式现代化贡献力量；要涵养"勇往直前"的奋斗品格，时刻保持"敢奋斗"的精神姿态，面对前进道路上的艰难险阻要敢于迎难而上，敢于克敌制胜，以坚忍不拔的勇气实现对自我的不断超越；要提升奋斗能力和水平，厚积"能奋斗"的实力与底气，不断加强专业知识，努力提升个人综合素质，以扎实过硬的本领有力塑造"奋斗在我"的主人翁意识。

（三）务必敢于斗争、善于斗争，深入践行伟大斗争精神

党的百年伟业是党和人民一道拼出来、干出来的，"一百年来，在应对各种困难挑战中，我们党锤炼了不畏强敌、不惧风险、敢于斗争、勇于胜利的风骨和品质"。深入践行伟大斗争精神，首先要明确伟大斗争存在于推进和拓展中国式现代化的各个领域，包括经济、政治、文化、社会、生态文明、外交、军事等，贯穿于中国式现代化的总体布局和战略布局之中，新征程面临的斗争必然是多种多样的。因此，一是要坚持中国共产党领导和社会主义制度不动摇，科学把握斗争的方向、立场和原则。凡是危害中国实现"两个一百年"奋斗目标、实现中华民族伟大复兴的各种风险挑战，必须要进行坚决斗争。二是要高度关注那些可能迟滞或中断以中国式现代化全面推进中华民族伟大复兴的全局性的风险挑战，找准斗争的重点。例如，面对外部势力对我国领土和主权完整的严重挑衅，必须团结全党全国各族人民展开反分裂、反干涉的重大斗争，掌握实现祖国完全统一的战略主动。三是要注重策略方法，讲求斗争艺术，不断提高斗争本领。要根据对时与势的判断明晰斗争方向，要通过对事物主要矛盾的把握明确斗争任务，要通过加强对马克思主义理论，尤其是唯物辩证法的学习充分掌握斗争规律，继而在实践中不断淬炼斗争本领，锻造出高超的斗争艺术和斗争智慧，使之转化为推进和拓展中国式现代化的现实力量。

后　记

　　中国式现代化是近代以来中华民族渴盼已久的梦想和矢志不渝的追求，中国共产党肩负起探索、推进和拓展中国式现代化的历史任务，创造了史无前例的伟大成就。何为中国式现代化？习近平总书记指出："中国式现代化，是中国共产党领导的社会主义现代化，既有各国现代化的共同特征，更有基于自己国情的中国特色。"中国式现代化是中国共产党领导人民在长期探索和实践中走出来的一条康庄大道，是强国建设、民族复兴的唯一正确道路。

　　本书基于唯物史观的大视野，依据中国式现代化理论，运用党史、新中国史、改革开放史、社会主义发展史、中华民族发展史的文献成果，梳理并剖析了中国式现代化的发展历程、变革成就、共性特征、民族特色、本质特征、文明意蕴、世界担当、重大原则和重大关系、战略布局、方法路径等，力图呈现中国式现代化的总体面貌，全方位地阐述"中国式现代化是什么"。

　　本书由天津大学中国式现代化研究中心撰写，各作者撰写内容为：导论（颜晓峰）、第一章（任倚步）、第二章（任倚步）、第三章（韩淑慧）、第四章（韩淑慧）、第五章（韩淑慧）、第六章（任倚步）、第七章（任倚步）、第八章（任倚步）、第九章（韩淑慧）、第十章（韩淑慧）、第十一章（任倚步）。颜晓峰拟定全书提纲，任倚步、韩淑慧参与统稿。

本书由学习出版社策划，刘向军副总编辑对本书写作提纲提出了宝贵意见，第一编辑室精心组织协调并细心编辑审改，在此表示衷心感谢！

本书的不足之处，恳请各位读者批评指正。

作 者

2023 年 11 月